2 통통 한국사

고려의 성립부터 멸망까지

고려의 성립부터 멸망까지

기획 안길정 | **글** 이상미, 안길정 | **그림** 강화경, 유남영
펴낸날 2010년 2월 20일 초판 1쇄, 2014년 1월 30일 초판 6쇄
펴낸이 김영진

본부장 조은희 | **사업실장** 김경수
편집장 박철주 | **기획·편집** 이미호, 백한별 | **디자인 팀장** 신유리 | **디자인** 강륜아

펴낸곳 (주)미래엔 | **주소** 서울시 서초구 신반포로 321
전화 마케팅 02)3475-3843~4 편집 02)3475-3925 | **팩스** 02)541-8249
등록 1950년 11월 1일 제16-67호

저작권자의 동의 없이 무단 복제 및 전재를 금합니다.
ISBN 978-89-378-4940-4 74900
ISBN 978-89-378-4938-1 (세트)

ⓒ안길정, 이상미, (주)미래엔 2010

· 책값은 뒤표지에 있습니다.
· 파본은 구입처에서 교환해 드리며, 관련 법령에 따라 환불해 드립니다. 다만, 제품 훼손 시 환불이 불가능합니다.

고려의 성립부터
멸망까지

통통 한국사

안길정 **기획**
이상미, 안길정 **글**
강화경, 유남영 **그림**

| 기획자의 말 |

　역사를 왜 공부해야 할까? 이렇게 물어보는 친구들에게 역사는 공부하는 것이 아니라 옛날이야기라고 말해 주고 싶어. 아니라고? 이것저것 외울 것이 많고, 이야기처럼 신나고 재미있지도 않다고? 그건 바로 역사가 어떤 줄기를 따라 가고 있는지 잘 모르기 때문이야.

　통통 한국사는 한국사의 큰 줄기를 잡은 읽을거리지. 짧은 역사 이야기나 위인전에서 읽었던 역사 지식들이 머릿속에 마구 뒤엉켜 있다고? 구슬이 서 말이라도 꿰어야 보배라는 말이 있잖아. 아득한 옛날 원시부터 오늘 내가 있는 현대까지 굵직굵직한 사건을 골라 쭉 훑은 이 책은 그런 머릿속의 구슬들을 꿰어, 멋진 목걸이를 만들어 줄 거야.

　그러다 보니 세세한 이야기들은 담지 않은 것도 많아. 이것저것 많이 알려주려다가 오히려 큰 줄기를 놓치지 않도록 한 거지. 그 대신에 무엇이 줄기이고 무엇이 핵심인지 확실히 알아볼 수 있도록 여러 구성들을 두었어.

　우리가 공부하고자 하는 역사의 현장을 직접 찾아가 보는 '가 보자, 여기'와 머릿속에 쏙쏙 들어오는 본문 이야기가 있지. 본문 속에는 동화로 만나 보는 역사 이야기가 있어서, 읽다 지루해지려 하면 마음을 확 잡아 줄 거야. 또 본문보다 더 깊이 있게 다룬 상자와 돋보기에서 역사를 입체적으로 볼 수 있게 했지.

　꼭 처음부터 읽지 않더라도, 펼쳐 보고 아무 곳이나 당기는 대로 읽어도 좋아. 호기심이 이끄는 대로 따라가 보는 거야. 통통 한국사는 역사의 긴 줄기를 관통하면서 길을 잃지 않도록 친절하게 안내할 거니까!

2권을 읽기 전에

    2권은 신라가 멸망하고 후삼국 시대를 거쳐 새로 세워진 고려 시대를 다루었어.
    천년을 이어온 신라도 기울었지. 각지에서 영웅호걸들이 일어나 장군이라 자칭하며, 백제를 잇겠다, 고구려를 잇겠다, 힘겨루기를 시작했어. 후삼국을 통일한 것은 고려를 세운 왕건이었어.
    고려는 불교의 나라였지만 나라를 다스리는 근본은 유교에 두었어. 거란과 여진을 물리치고 자주권을 지키면서 오백 년을 이어갔지. 고려 전기에 세력을 가진 사람들은 문벌 귀족들이야. 개경에 살았던 이들은 대대로 고관대작을 지내며 문신들이 주도하는 나라를 일구어 갔지. 그러다가 여기에 불만을 품은 무신들이 일어나 정권을 쥐었어. 그 후 원 간섭기에는 원나라 편에 선 권문세족들이 권력을 잡고 떵떵거리는 시대가 되었어.
    고려는 수많은 외침을 현명하게 막아 낸 나라이기도 해. 그런 고려가 몽골의 침략으로 일대 위기에 처하게 되지. 수도를 강화로 옮기고 30년간 항쟁하면서 팔만대장경을 새기고 부처님의 보호를 빌지만, 결국 몽골의 사위 나라가 되었어. 여진과 거란의 침략을 물리쳤던 저력은 다 어디로 가고, 자주권을 잃고 만 걸까?
    자, 이제 책장을 펼치고 고려 시대로 들어가 볼까?

| 차례 |

01 왕건의 후삼국 통일 · 8
돋보기 고려 사람들의 땔감 – 시지는 어떤 땅일까? · 28

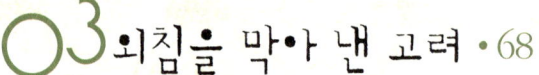

02 문벌 귀족 사회 · 32
돋보기 당당한 고려의 여자들 · 52
돋보기 고려 학생들의 국자감 생활 · 64

03 외침을 막아 낸 고려 · 68
돋보기 고려가 거란과 여진을
물리칠 수 있었던 이유는 무엇일까? · 88

04 무신들의 세상 · 92
돋보기 고려 시대의 고분 벽화들 · 100
돋보기 고려의 무신은 기사나 사무라이와 어떻게 다를까? · 114

05 몽골의 간섭과 사회 변화 · 118

돋보기 팔만대장경을 간직한 해인사 · 140

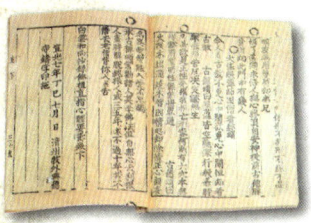

06 고려 사람들의 생활과 문화 · 146

돋보기 돌이 전하는 고려 사람들의 생활 · 160
돋보기 직지와 구텐베르크 성서 · 170

07 고려의 멸망 · 174

돋보기 개똥밭과 거머리 논 – 이성계의 사전 개혁 · 192

01
왕건의 후삼국 통일

9세기 말, 삼국을 통일하고 번영을 누리던 신라에
쇠망의 그림자가 드리웠어.
그 틈을 타 전주에서 견훤이, 철원에서 궁예가
각기 나라를 세우고 스스로 왕이라 칭하였지.
특히 궁예의 후고구려는 한반도의 한복판인
경기도·황해도·강원도를 손에 틀어쥐었어.
그런데 후삼국을 통일한 사람은 궁예도 견훤도 아닌, 왕건이었어.
왕건이 어떻게 새 왕국 고려를 세웠는지 알아볼까?

| 주요 사항 | 시대 |

견훤, 후백제 건국 900년
궁예, 후고구려 건국 901년

당 멸망, 오대의 시작 907년

거란 건국 916년
왕건, 고려 건국 918년

통일 신라·발해

발해 멸망 926년

신라 멸망 935년
고려, 후삼국 통일 936년

거란, 국호를 요라 함 946년

노비안검법 실시 956년

과거제 실시 958년

송 건국 960년

전시과 실시 976년

전국에 12목 설치 983년

국자감 설치 992년

철전(건원중보)의 주조 996년

고려

가 보자, 여기
보개 산성

포천에 있는 보개 산성은 좁은 계곡의 한쪽 면에 세워진 산성이야.
우리나라의 다른 산성들과는 다르게 성 내부가 모두 가파른 경사지야.
이 보개 산성은 후고구려를 세웠던 궁예가 왕건에게 쫓겨 대항했던 장소라고 해.
철원으로 들어가는 중요한 길목에 있는 이 산성은 험준한 산속에 있어서
가 보기가 쉽지 않지만, 궁예의 흔적을 간직한 곳이지.

 # 성주와 장군이 일어나다

쇠망해 가는 신라

통일 후 번영을 누리던 신라에서는 8세기 후반부터 귀족들이 권력 다툼을 시작했어. 서로 죽고 죽이며 권력을 차지하려 하니 나라가 매우 어지러워졌지. 귀족들은 사치한 생활을 하며 사병까지 키웠어. 나라의 기강이 흔들리자 왕명은 위엄을 잃었고, 왕의 통치력은 겨우 경주 일원에 미칠 뿐이었어. 지방에는 농민군의 지지를 받은 인물들이 성주니 장군이니 하며 위세를 부렸단다.

이들은 신라왕으로부터 인정받은 세력이 아니었어. 오히려 이들은 신라의 권위를 무시하고 왕의 지배를 받으려 하지 않았지. 지역을 장악하고, 농민들을 끌어 모아 군사를 키웠지. 그런 뒤 백성들에게 직접 세금을 거두었어. 9세기 즈음에는 이런 세력들이 우후죽순 일어났어. 원주의 양길, 죽산의 기훤, 전주의 견훤 등은 제법 세력이 큰 '장군'들이었지. 이들을 다른 이름으로 '호족'이라고도 불러. 신라 말기는 이들의 시대였어.

안압지 출토 주사위 ⓒ국립경주박물관
신라 귀족들의 놀이 문화를 보여 준다.

후백제를 세운 견훤

여러 지역을 나누어 지배하던 세력 중에 견훤이 있었어. 견훤은 원래 사벌주 가은현에서 태어나 신라의 낮은 벼슬인 비장을 지냈어. 견훤은 체격이 무척 우람한데다 성격도 시원시원해 부하들의 신임을 단박에 얻었다고 해.

견훤이 스물여섯 살 되던 892년, 5천의 군사를 거느리고 지금의 광주인 무진주를 장악하는 데 성공했지. 그리고 신라로부터 독립을 선언했어. 그로부터 8년 뒤에는 전주를 손에 넣고 스스로 왕이 되었어. 나라 이름은 백제라고 했지.

견훤은 왜 나라 이름을 '백제'라고 내세운 걸까? 무진주와 전주 지역은 옛 백제 땅이었어. 자기 고향이 아닌 곳에 들어온 견훤은 그 지역 사람들의 마음을 얻어 보려 한 거야. 신라의 벼슬을 하던 견훤이 영토를 차지하고 스스로 왕이라고 한 것은 반역이지만, 신라는 이미 이를 제압할 힘이 없었어.

견훤은 전라도에서 충청도 쪽으로 세력을 넓히면서 나라의 제도와 관직을 정리하고, 외교에 힘썼어. 자신이 세운 나라를 국제적으로 인정받고 싶어서 중국의 오월과 후당, 멀리 거란과 일본에도 사신을 보냈지.

경북 상주 견훤산성

후고구려를 세운 궁예

강원도에서 일어난 장군 중에 양길의 세력이 있었어. 궁예는 양길의 밑에 있는 부하였지. 궁예는 원래 신라 왕자 출신이라고 해. 어릴 적 궁중에서 죽을 뻔한 처지에 놓여 달아나다가 한 쪽 눈을 잃었다는 얘기도 있어. 하지만 궁예에 대한 자료가 많이 남아 있지 않아서 확실하지 않아.

부석사
궁예가 이곳에서 신라왕 초상을 칼로 쳤다는 일화가 전해진다.

궁예는 승려가 되어 절에 숨어 자랐어. 어지러운 세상을 보면서 세상을 구원하겠다는 뜻을 세웠다고 해. 견훤이 후백제를 세울 즈음, 궁예는 양길의 밑에서 힘을 키우고 있었지.

궁예는 군사들과 생사고락을 함께 하면서 상과 벌을 공평하게 나누었어. 따르는 사람도 점점 많아졌어. 마침내 901년, 한강 북쪽 철원에 나라를 세우게 돼. 고구려의 영광을 되살려 보겠다는 뜻으로 나라 이름을 '고려'라고 했지. 궁예가 세운 이 나라를 후대에는 편의상 후고구려라고 부르지.

일찍이 백제가 한강 유역에 나라를 세운 이후, 한반도 중심부 한탄강 일대에서 국가가 일어선 것은 궁예가 세운 후고구려가 처음이야. 904년에는 나라 이름을 '마진'이라 바꾸며 고구려의 부활을 다짐하였어. 이후 다시 나라 이름을 '태봉'으로 고쳤지.

궁예는 신라의 제도를 참고해 관직 제도를 정하고 국가 체제를 갖추었어. 그러고는 철원을 중심으로 강원도·경기도·황해도 대부분과 평안도·충청도의 일부와 서남해 일부를 차지하여 신라나 후백제보다 훨씬 큰 힘을 갖게 되었어.

한반도에는 신라와 후백제 그리고 후고구려 이렇게 세 나라가 들어서게 되었어. 이 시기를 후삼국 시대라 부른단다.

후삼국 지도

궁예의 신하가 된 왕건

개성에 뿌리내리고 살던 왕륭은 바다를 오가며 무역을 해서 많은 돈을 모았어. 개성과 가까운 철원에 새로운 실력자 궁예가 나라를 세우자, 장래를 위해 그에게 몸을 맡기기로 했지. 왕륭의 아들이 바로 왕건이야.

왕건은 아버지가 만들어 준 배경 아래 주로 바다에서 전쟁을 치르며 후고구려의 세력을 넓혀 갔어. 한반도 서남쪽, 나주 앞바다를 장악하며 궁예에게 신임을 받았지. 나주 지역은 견훤의 뒤를 칠 수 있는 근거지야.

이렇게 젊은 왕건이 성장하면서 입지를 다져가는 동안, 신라는 하루하루 그 운을 다해가고 있었고, 궁예와 견훤은 서로 팽팽히 맞서고 있었어.

왕건이 일어나 견훤과 대적하다

궁예의 시대는 오래가지 못했어. 궁예를 밀어낸 것은 바로 그의 밑에 있던 왕건이었어. 왕건은 궁예의 행동을 들어 자기가 일으킨 반란이 정당하다고 말했지. 왕건이 내놓은 이유는 궁예의 폭정이었어.

 말년의 궁예는 의심이 많아져 사람을 마구잡이로 죽였어. 전해 오는 이야기에 따르면 완전히 미쳐서 부인 강 씨와 두 아들까지 잔인하게 죽였다고 해. 궁예는 왕의 힘을 점점 강하게 만들기 위해 걸림돌이 되는 세력을 제거

해야했어. 그러다보니 궁예에 반대하는 세력들이 늘어갈 수밖에 없었지.

궁예는 궁을 버리고 도망치다가 농부에게 맞아 죽었다고 해. 왕건은 궁예가 다져 놓은 기반을 차지했지. 궁예의 군사는 물론이고, 궁예가 만들어 놓은 제도를 가져 와 새 나라를 꾸리는 바탕을 삼았어. 왕건은 신라와 전혀 다른 왕조를 열고 고구려를 계승한다는 뜻에서 나라 이름을 '고려'라고 했어.

새 왕이 된 왕건은 입지를 키우고 세력을 넓혀야 했지. 그래서 세력을 이루고 있는 지방 호족들을 끌어안기 위해서 애썼어. 호족들은 상당한 군사력과 든든한 경제력을 가지고 각자의 지방을 호령하고 있었지. 왕건은 군사를 이끌고 호족을 제압하기도 했지만 여러 회유책을 쓰기도 했어. 대표

울음산
왕건에게 쫓기던 궁예가 이 산에서 피살될 때 산이 따라 울었다는 전설이 전해진다.

적인 것이 혼인 정책이야. 지방의 힘 있는 호족의 딸을 아내로 삼은 거야. 그래서 왕건은 스물아홉 명이나 되는 부인을 두게 되었지.

후백제와 싸움

왕건은 고려를 세우고 나서도 후삼국을 통일하는 데 20여 년을 바쳐야 했어. 최대 강적은 견훤의 후백제였어. 힘이 많이 기울어 버린 신라야 두려울 게 없었지만 호랑이처럼 사나운 후백제를 꺾는 것이 왕건의 큰 고민이었지.

처음에 왕건은 견훤의 적수가 되지 못했어. 924년, 지금의 안동 부근인 조물성에서 후백제군과 맞붙었지만 대패했지. 인질을 보내고서야 가까스로 화의를 맺을 수 있었어.

점점 세력을 넓혀 가던 견훤은 927년 신라로 쳐들어갔어. 백제가 쳐들어온다는 소식을 들은 신라의 경애왕은 왕건에게 도움을 청했지. 하지만 견훤이 쳐들어오자 경애왕은 스스로 목숨을 끊었어. 견훤은 경애왕의 친척인 김부를 새로운 왕으로 세웠는데, 그가 바로 신라의 마지막 왕인 경순왕이야. 견훤은 왕비를 욕보이고 약탈까지 저질렀어.

한편 신라의 구원 요청을 받은 왕건은 내내 고민하다가 결국 신라를 돕기로 마음먹었어. 견훤의 후백제와 사이좋게 지내기로 화의를 맺고 있었지만, 그보다 신라를 돕는 모습을 보여

> 포석정에서 신라 경애왕이 견훤에게 붙잡혔다고 해.

포석정

서 신라쪽 호족을 자신의 편으로 만들고 싶었지.

날랜 기병 5천 명을 거느리고 출동했지만 왕건의 군대는 오히려 공산에 숨어 있던 후백제군에 걸려들었어. 데려온 군사가 몰살당하고, 왕건의 목숨도 위태로운 상황까지 몰렸다가 자신의 오른팔과 같은 신숭겸과 김락의 희생으로 가까스로 탈출했지.

하지만 왕건에게 전혀 소득이 없었던 것은 아니었어. 이때 왕건이 신라를 지키려한다는 이미지를 사람들에게 심어 주었거든. 신라 지방의 호족들은 왕건에게로 돌아서고 있었어. 이후 930년, 왕건과 견훤이 고창에서 다시 만나 싸웠는데, 왕건은 이 싸움에서 또다시 견훤에게 포위되어서 진퇴양난의 위기에 처했지. 이 소식을 들은 해평 호족 김선평은 바로 구원군을 끌고 견훤의 뒤를 쳤어. 전세가 뒤바뀐 거야. 이 싸움으로 견훤의 세력은 경상도에서 쫓겨나게 되었지. 내내 견훤보다 열세였던 왕건이 호족들의 도움으로 견훤을 앞서게 되었어.

935년, 그런 왕건에게 운이 따라 주었어. 일생일대의 숙적이었던 견훤이 아들 신검과 권력 싸움 끝에 왕건에게 몸을 맡겨 온 거야. 견훤은 왕건이 아닌 자신의 아들에게 권력을 빼앗긴 거지. 견훤이 귀순해 오자 왕건은 그를 상부라 부르며 반겼어. 같은 해, 이미 나라의 운을 다한 신라의 경순왕이 스스로 항복해 왔어. 이렇게 천년의 왕국 신라는 멸망했지. 왕건에게 이제 남은 건 견훤의 아들, 신검의 후백제 세력뿐이었어.

금산사 미륵전
견훤이 아들 신검에게 잡혀 갇혔던 곳이다.

"뭐라? 아버지가 왕위를 금강에게 물려주시려 한다고?"

신검은 화가 나서 얼굴을 부르르 떨었어요.

"그동안 아버지를 도와 매번 전쟁을 승리로 이끈 것은 나 신검이다. 곁에서 목숨 바쳐 고생을 하였는데 그 공이 누구에게 넘어간다고?"

신하는 신검에게 조심스레 말하였어요.

"아무래도 금강 왕자님이 지략이 뛰어나서……."

"뭣이? 지략이 뛰어나? 그럼 나는, 지략이 없더란 말이냐?"

"아무래도 금강 왕자를 따르는 놈들이 먼저 손을 쓴 듯합니다."

신검은 도저히 이 일을 그냥 넘길 수 없었어요. 당연히 왕좌의 주인은 자신이라 믿었지요. 그렇기에 충성을 다해 아버님을 보좌한 거였어요.

'왕위는 내 것이야. 물려주시지 않는다면 내가 찾을 수밖에!'

신검은 그날 밤 결단을 내렸어요.

"당장 양검과 용검을 불러라. 은밀히 군사를 일으켜야겠다."

신검은 아버지 견훤을 궁에서 끌어내 전라도 금산사에 가둬 두었어요. 그리고 동생 금강을 죽이고 왕위에 올랐어요.

몇 달이 지난 뒤, 견훤은 금산사에서 달아나 나주로 갔어요. 나주는 왕건의 끈이 닿아 있는 곳이었어요.

"왕건에게 알려라. 견훤이 찾아왔다고."

소식은 바로 왕건에게 전해졌지요.

"누가 왔다고?"

왕건은 견훤을 맞이하여 후하게 대접하였어요. 견훤의 그 기세등등했던 모습은 온데간데없었지요.

"소식 들었습니다. 얼마나 상심이 크신지요? 여기서 편히 쉬시지요."

견훤은 어제의 적이었던 왕건의 품에 안겼어요. 왕건은 견훤을 극진히 보살펴 주었지요. 그 소식을 전해들은 신라 경순왕도 같은 해 11월 백관을 거느리고 왕건을 찾아와 항복했어요. 왕건이 견훤을 후하게 대우해 주는 것을 보고 내린 결정이지요.

왕건이 신검의 후백제를 두고 고민할 때였어요. 견훤이 왕건에게 말했어요.

"이제 남은 건 내 아들 놈뿐이오. 내가 앞장서서 치겠소."

견훤의 눈에는 이글이글 불길이 타올랐지요.

드디어 936년 9월 견훤이 앞장 선 고려군은 일리천에서 신검의 후백제 군대와 맞붙었어요.

"진격하라! 한 놈도 남겨선 안 된다."

고려 병사들은 소리를 내지르며 달려 나갔어요. 후백제 군은 전투가 시작되

기도 전에 싸울 힘을 잃었지요. 상대는 후백제의 사정을 속속들이 아는 백전백승의 견훤이었으니까요. 싸움하기도 전에 후백제의 장수 여럿이 귀순했고, 3200명이 포로로 잡히고 5700명이 죽임을 당하는 참패를 당했어요. 이 일리천의 승리로 왕건은 후삼국 통일을 마무리 지었어요.

왕건이 후삼국을 통일할 수 있었던 이유

후삼국 시대를 휘어잡았던 견훤, 궁예, 왕건 세 명의 인물 중에서 왕건이 후삼국을 통일할 수 있었던 힘은 어디에 있었을까?

왕건은 견훤처럼 사납고 용맹하지 못했고, 궁예와 같은 카리스마를 지니지 못했지만, 세력을 끌어모으는 힘이 있었어. 여러 지방에 흩어져 있는 호족을 자신의 편으로 만드는 데 많은 노력을 기울였지. 타협할 줄 알고, 용맹보다는 지혜를 부렸던 거야.

또 민심을 사기 위해 애썼어. 물론 견훤이나 궁예도 민심을 잡기 위해 애를 썼지만 왕건은 더욱 남다른 데가 있었지. 신라 사람들의 마음을 잡기 위해서 견훤에 대항하는 모습을 보였어. 심지어 구리거울의 예언을 조작하기까지 했지.

왕건이 이렇게 할 수 있었던 것은 왕건이 궁예의 세력을 기반으로 했기 때문이기도 해. 궁예나 견훤은 후고구려와 후백제를 일으켜 세우는

개태사 가마솥
왕건이 신검을 꺾은 뒤 개태사를 창건했다.
개태사 가마솥은 지름이 3m에 이른다.

데 많은 힘을 쏟아 부었지. 하지만 왕건은 이미 궁예가 닦아 놓은 기반을 이어받아 다져 가는 일에 치중했어. 개성에 뿌리를 가진 아버지의 힘도 컸지. 한반도의 복판, 기름지고 교통이 편리한 지역을 장악했던 데서 여러모로 유리한 출발을 한 거야.

● 구리거울에 새겨진 예언

왕건이 궁예를 몰아내는 일은 결코 쉽지 않았어. 신하로서 함부로 왕을 들어 엎었다가는 실패할 수도 있고, 성공한다 해도 얼마 못 가 부하들이 자신처럼 또 반란을 일으킬 수도 있지. 왕건은 몇 번이고 망설이다 마지못해 반란을 일으키는 것처럼 행동했어.

왕건은 자신이 왕이 되는 것은 자신의 욕심이 아니라 하늘의 뜻임을 사람들에게 믿게 하고 싶었지. 어떻게 하면 자신이 왕이 되는 것이 이미 정해진 하늘의 뜻으로 보일까 고민했어. 그래서 내보인 것이 구리거울이야. 중국 상인 왕창근이 거사 차림의 웬 노인에게서 샀다는 구리거울에는 암호 같은 글씨가 새겨져 있었어. 그 내용은 바로 새 왕이 나타나 고려를 세울 것이라는 예언이었어.

사람들의 관심은 당연히 그 새 왕이 누구인가에 쏠렸지. 암호를 해석한 사람은 주인공으로 왕건을 가리켰어. 사실 구리거울의 예언은 사람들의 환심을 사기 위해 은밀히 만든 거야. 즉, 조작한 것이었지. 왕건이 민심을 얼마나 중시했는지를 알 수 있겠지?

왕건에게 남은 과제

936년 왕건은 한반도를 재통일했어. 이후 왕건은 고려를 이끌어가면서 신라의 제도와 풍습을 많이 본받았어. 산천에 제사를 지내던 신라의 팔관회는 고려에 들어와 외국 사신들까지 참가하는 큰 국가 행사가 되었지. 통일 이후 고려는 신라 출신 귀족들을 강제로 없애지는 않았어. 하지만 그들은 서서히 힘을 잃어갔어. 김부식이나 최승로의 집안 같은 일부 귀족들은 고려의 지배층이 되었지.

왕건은 신라의 세력이나 제도는 존중했지만, 후백제에 대해서는 그렇지 않았어. 견훤의 후백제가 있었던 지역은 오랫동안 고려에 맞서 전쟁을 했었잖아. 왕건은 이 지역의 사람들이 나중에라도 고려에 반기를 드는 게 아닐까 염려했지. 그래서 죽기 전에 이 지방을 차별하는 유언을 남기기도 했어. 오래된 원한은 잊어버리고 이제 하나의 나라가 되어야 하는데, 이런 식의 차별을 하는 것은 옳지 않은 일이었지.

왕건이 후삼국을 통일할 수 있었던 것은 호족의 힘을 잘 이용했기 때문이라고 했지? 이렇게 호족의 힘을 모아 나라를 세웠지만, 통일 이후에 호족이 지닌 막강한 힘은 부담이 되었어. 지방 세력이 큰 힘을 가지고 있으니 강력한 왕권을 세우기가 힘들었거든. 왕건은 호족을 다스리고자 했지만, 그들과 혼인 관계로 얽혀 있는데다가 그들이 고려를 세우는 데 큰 공이 있었기 때문에 함부로 다루기가 힘들었어. 이후 고려의 왕들은 이들을 처리하느라 고심해야 했지.

개성에서 출토된
철로 만든 왕건상

개경 왕건 능

● 고려의 후삼국 통일 의의

왕건은 재통일을 이룬 후에 신라와 뚜렷이 구분되는 정책을 과감하게 추진했어. 첫째, 고구려를 계승하겠다는 뜻을 분명히 했지. 서경을 중시하고 발해 유민을 적극 받아들여 후대한 것은 그런 예들이야.

둘째, 왕건은 신라의 일부 제도와 풍속을 계승했어. 팔관회 등의 불교 행사를 계속하고, 불교를 떠받들었지. 불교는 후삼국의 싸움으로 인한 상처를 쓰다듬고 민심을 수습하는데 중요한 역할을 했어. 또 민간에 자리 잡은 풍수지리설을 인정하고, 유학을 중시하여 인재와 관리를 기르는 방편으로 삼았어.

왕건이 이룩한 한반도 재통일은 우리 역사에서 큰 의미를 가져. 고려는 발해 유민까지 받아들여 더욱 넓은 범위에서 민족 통합의 계기를 마련했지. 676년 신라가 이룩한 통일에 비해, 고려의 후삼국 통일은 더욱 진전된 것이야. 고려는 신라 귀족이나 경주와 무관한 지방 세력, 다시 말해 송악 세력이 역사의 전면에 등장하여 한반도 중부에 도읍을 정하고 과거의 삼한 지역을 아울러서 이루어진 거야. 이로써 백제에 이어 한반도의 중앙에 구심점을 둔 국가가 다시 생겨났고, 북진 정책이 힘있게 추진될 수 있었어.

돋보기

고려 사람들의 땔감 _시지는 어떤 땅일까?

칼바람이 부는 겨울철에는 따뜻한 난롯불이 생각나지? 옛날 사람들도 역시 마찬가지였어. 북풍 한설이 몰아치기 전, 겨울나기 준비로 제일 먼저 한 일은 바로 땔감을 마련하는 일이야. 땔감이 있어야 구들도 데우고, 음식도 해 먹을 수 있으니까.

최충헌의 종 만적의 이야기에서 보듯이, 산에 지게를 짊어지고 가서 나무를 해오는 일이 종들의 몫이기도 했지. 그런데 사람들이 너도나도 땔감을 쓸어 가는 바람에 산이 헐벗게 되자 나라에서는 함부로 나무를 베지 못하게 막았어. 특히 왕족 묘지 일대의 나무는 베어가지 못하게 엄중히 감시했지. 당시 묘지는 마을에서 그다지 멀지 않은 산자락에 있었는데, 사람들이 땔감을 구하는 곳과 겹쳐 끊이지 않고 다툼이 일어났어.

나라에서 관리들에게 시지를 준 것은 이런 걱정을 덜어주는 일이었지. 시지는 땔감을 마련할 수 있는 임야를 가리키는데 보통 산판이라 불렀어. 개경 일대의 산판은 주로 왕궁에 근무하는 관리들 차지였어. 그들은 이 땅에서 거둔 땔감으로 따뜻한 겨울을 나고, 숯을 구워 구이 요리를 즐길 수 있었지.

장작보다 숯은 훨씬 귀한 연료였어. 단단한 참나무만을 골라 자른 뒤 특별히 가공해야 했기 때문이야. 그래서 왕은 특별히 사랑한 신하들에게 숯을 선물로 내리기도 했어.

다른 기록 하나를 볼까? '김취려는 몽골 사람들과 앉아 서로의 담력을 시험할 때 긴 칼끝으로 구운 고기를 찍어 서로의 입에다 넣어주며 호기를 겨루었다.《고려사》' 김취려만이 아니고 고려 사람들은 누구나 불고기를 좋아했어. 숯은 불고기 요리를 위해서도 꼭 필요한 것이었지.

절간의 겨울나기

과거에서 온 편지

후삼국을 통일하라!

왕건이 고려를 세우고 후삼국을 통일한 것은 알고 있지?

저길 봐, 왕건이 궁예를 몰아내고 후고구려를 장악했어. 왕건의 힘이 점점 커지자 신라도 항복해 왔어. 이제 남은 건 후백제뿐이야.

후백제의 견훤이 왕건에게 귀순해온 뒤 후백제의 남은 세력과 고려군이 일리천에서 치열한 전투를 벌였어.

왕건이 이 전투를 승리하고 후삼국을 통일했어. 고려 시대가 열린 거지.

문벌 귀족 사회

왕건이 고려를 세운 이후 광종은 왕권을 확립하고,
성종은 고려의 지방 제도를 정비하였어.
이렇게 한반도에는 신라와 다른 새로운 왕조가 자리를 잡아갔지.
일반적으로 고려 사회를 문벌 귀족 사회라고 해.
신라는 성골과 진골 귀족들이 지배했지만
고려는 문벌 귀족이 지배하였거든.
문벌이란 무엇이고,
문벌 귀족은 어떻게 고려의 중심 세력이 되었을까?

주요 사항	시대
거란 건국 916년	
왕건, 고려 건국 918년	
고려, 후삼국 통일 936년	
거란, 국호를 요라 함 946년	
노비안검법 실시 956년	
과거제 실시 958년	

송 건국 960년

전시과 실시 976년

전국에 12목 설치 983년

국자감 설치 992년

철전(건원중보)을 만듦 996년

귀주 대첩 1019년

고려

가 보자, 여기
원인재

인천에 있는 원인재는 이허겸을 기리는 건물이야.
이허겸의 세 손녀가 모두 문종의 비가 되면서 고려의 문벌 귀족이 되었지.
훗날 막강한 외척 가문으로 권세를 누렸던 이자겸이 바로 이허겸의 자손이야.
고려는 문벌 귀족에 의해 다스려진 나라였어.
문벌 귀족들은 음서제도와 공음전으로 대대로 권력과 부를 누릴 수 있었어.
원인재에서 고려 시대 귀족의 흔적을 만나 보자.

고려 초 체제를 정비하다

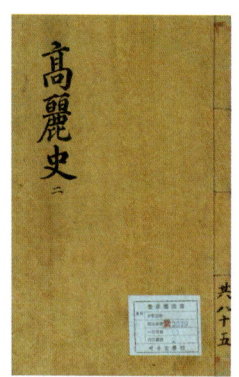

훈요십조가 실린 고려사
ⓒ서울대학교 규장각

훈요십조에 담긴 내용

새 나라 고려를 다져 가기 위해서 여러 제도가 필요했어. 나라를 이끌어 가는 이런 통치 제도를 만드는 데 기본이 되는 원리는 무엇이었을까? 바로 왕건이 남긴 유언이었어. 왕건은 죽기 전에 후대 왕들을 위해 고려를 어떻게 이끌어 나가야 할지를 밝히는 열 가지 지침을 남겼어. 그것이 바로 '훈요십조'야. 훈요십조는 고려 후대 왕들이 나라를 다스리는 중요한 토대가 되었지. 그래서 훈요십조를 보면 고려가 어떤 나라인가를 알 수 있어.

왕건은 불교를 중시했어. 그래서 훈요 1, 2조에서 '불교를 숭상하고 보호하되 절간이 넘쳐나지 않게끔 하라.'고 유언을 남겼어. 더불어 6조에 팔관회와 연등회를 중시하라고 당부하였어.

3조에는 '왕위 계승은 맏아들이 우선한다'는 점을 밝혔어. 만약 맏아들의 됨됨이가 부족하면 어떻게 했을까? 그때는 다른 아들 가운데 덕망이 있는 자에게 왕위를 계승하게 하였어.

훈요 4조에는 고려의 대외 정책에 대해서 언급해 놓았어. 왕건은 '주체성을 지니고 외국과 교류하되 중국의 문물은 받아들이고, 거란은 미개한 나라이니 본받지 말라.'고 당부하였지. 하지만 중국을 높게 보고 거란과 같은 유목민을 얕보는 태도는 이후 고려가 국난에 빠지는 원인이 되었지.

한편 5조에 보면 왕건은 서경을 중요한 곳으로 여기고 '왕이 정기적으로 가서 둘러보라.'고 했어. 이는 북방 동향에 유의하라는 뜻이었어.

왕건은 왕의 본분을 무엇이라 생각했을까? 나랏일을 공평하게 처리하여 백성으로부터 민심을 얻는 것이라 여겼어. 그래서 훈요 7조에 '세금을 무겁게 매겨 백성에게 고통을 주지 말라.'고 하였어. 또한, 9조에 '나라 밖이 어지러운 때를 경계하고, 나라 안에서 백성과 군사의 부담을 덜어 불평이 없게 하라.'고 당부하였지. 마지막으로 왕건은 왕들이 주색잡기에 빠져 놀아나는 것을 경계하고자 했어. 그래서 10조에 '왕위에 있는 자는 힘써 공부하고, 다스리는 일에 소홀함이 없도록 하라.'고 당부하였지.

그렇지만 훈요에는 논란이 되는 부분도 담겨있어. '차현 아래 금강 남쪽은 나라에 등을 지고 있는 지세이니 그곳 사람을 등용하지 말라.'는 8조의 내용이야. 이 조항은 지역 감정을 돋우는 원천으로 이해되기도 해. 그뿐이 아니야. 이 조항 뒷부분에는 '신분 제도를 유지하여 천민이 벼슬에 오르지 못하게 하라.'는 당부까지 들어 있어.

이 때문에 훈요가 조작되었다는 주장도 있어. 하지만 훈요가 가짜라 보기는 어려워. 고려 역사를 보면 후대 왕들은 대체로 훈요를 잘 따르고 지키려했거든. 불교를 중시하고, 엄격한 신분제를 유지하였으며, 중국을 중시한 것은 모두 그런 예야. 훈요십조라는 왕건의 유훈이 없었다면 어땠을까? 후대 왕들은 정책 기본 방향을 어디에 둘지 몰라 우왕좌왕했을 거야. 고려 초기 훈요는 나라를 다스리는 데 있어서 헌법과도 같았어. 역사적으로 볼 때 훈요는 유언을 통해 나라 다스리기를 계속하는 '유훈 통치'의 선례가 되었단다.

서경
지금의 평양.

호족을 어떻게 다잡을까?

나라가 안정되자 호족은 골칫덩어리였어. 앞에서 호족은 왕건이 해결해야 할 과제라고 이야기했었지? 호족은 왕건을 도와 후백제를 멸망시키는 데 큰 힘이 되었지. 하지만 그들은 강력한 군사력을 가지고 있어서 왕권을 강화하고 왕명을 제대로 펴기 위해서는 호족을 다잡아야 했어.

왕건이 가장 걱정한 것은 호족이 가지고 있는 막강한 군사력이었어. 왕건은 호족들에게 충성을 맹세하게 하고 그 증거를 보이라 했어. 명주가 근거지인 김순식의 아들은 600명의 군사를 끌고 개경으로 올라와 왕궁을 지켜야 했지. 이것을 '상경 시위'라 해. 이 제도는 호족의 군사력을 약화시키면서, 동시에 아들을 인질 삼아 반란의 싹을 자르려는 속셈도 있었단다.

호족들의 '상경 시위'는 나중에 사심관 제도로 정착되었어. 사심이란 지방 사정에 밝은 사람에게 그 지방에 관한 일을 자문한다는 뜻이야. 지방의 힘있는 사람이 개경으로 올라가 지방 사정을 살피는 거지. 예를 들어 신라의 마지막 왕이었던 김부는 경주의 사심관이었어. 새 관리를 뽑을 때 경주 출신이 후보자로 나오면 사심관인 그가 후보자의 집안 내력 등을 조사하여 조정에 알려 주었지.

왕건은 고분고분한 호족들에게 새 성을 내려 자기 일가로 삼았어. 명주의 김순식에게 왕 씨 성을 내려 왕순식으로 바꾸게 하고 벼슬을 내렸어. 왕 씨 성을 내린 것은 왕과 한 집안이 되었다는 것을 뜻해. 이는 최고의 대접이면서 동시에 더욱 충성하라는 뜻이기도 했지. 왕건은 성을 내려 주며 본관도 정해 주었어. 예를 들어 전쟁 때 왕건의 목숨을 구하고 죽은 신숭겸에게 평산을 본관으로 정해 주었어. 신씨는 평산을 지배하는 대표 성씨가 되었지. 왕으로부터 본관을 받은 가문은 지역에서 큰 힘을 가지는 유력 가문으로 행세하였어. 그리고 고려 정부는 지방을 다스릴 때 이들의 도움을 받았지. 본관은 오늘날까지도 우리의 성씨에 '본'으로 남아 전해 온단다.

사심제나 본관제는 지역마다 유력자를 정해서 지역과 사람을 한데 묶어 파악하려고 한 거야. 마을의 지배층들은 '대감'이나 '제감'으로 불렸지. 이런 이름은 원래 신라 무관의 벼슬 이름이었어. 이들이 여전히 군사력을 갖고 있었다는 뜻이겠지? 성종 때에 되어서야 이런 세력들이 완전히 해체되어, 왕의 명령이 지방 구석구석까지 온전히 전해졌어. 왕건이 호족의 도움을 받아서 고려를 세웠기 때문에 그들을 청산하는 일이 쉽지 않았다는 뜻이야.

노비안검법·과거제에 이어 지방 제도가 정비되다

고려 초기 왕들은 호족을 제대로 휘어잡지 못했어. 태조 왕건이 죽은 뒤 2대 왕이 된 혜종은 겨우 2년 정도 왕위에 있었고, 3대 왕인 정종도 4년 만에 세상을 떠났지. 그래서 왕으로서 무슨 일을 하기가 힘들었어. 그러나 4대 왕 광종은 달랐어. 호족을 처단하고 왕권을 강하게 만들기 위해 과감한 정책을 폈어.

지방 호족들은 경제력은 물론이고 군사력까지 갖추고 있었어. 이런 호족들의 힘은 어디에서 오는 것일까? 바로 호족들이 거느리고 있는 노비야. 노비는 논밭일을 하는 노동력이었을 뿐 아니라, 주인을 위해 봉사하는 군사이기도 했어. 노비는 토지보다 귀한 재산이었고, 노비의 수가 많을수록 호족의 힘이 세졌지.

광종은 노비안검법이라는 제도를 실시했어. 노비 '안검'이란 세력가의 종이 된 까닭을 엄중히 조사한다는 뜻이야. 그래서 억울하게 노비가 된 사람은 본래대로 되돌려 놓겠다는 거지. 평민은 세금을 내지만, 호족과 노비는 세금을 내지 않았어. 노비안검법으로 노비를 풀어주고 평민을 늘리면 호족의 힘도 약해지고, 세금을 내는 사람이 많아지니까 나라의 힘도 강해지겠지? 호족들은 신경이 곤두섰지만 광종이 강하게 밀어붙이자 아무 소리 못 하고 따랐어.

또 광종은 과거제를 실시했어. 과거제는 시험을 보아 능력 있는 자를 관리로 앉히는 제도야. 그때까지 관리가 된 사람은 고려를 세우는데 공이 있는 사람들과 그 아들들이었어. 과거를 보아 관리를 뽑겠다는 것은 핏줄에 따라 출세를 보장하는 일을 끝내겠다는 뜻이었지. 광종은 958년 과거제를 시행하자고 건의한 쌍기를 지공거로 임명해서 첫 과거를 실시했어.

지공거
고려 시대에, 과거를 관장하던 주 시험관.

하지만 당시 관리들 중에서 과거로 뽑힌 사람 수가 그리 많지 않았어. 그래서 그들만으로 모든 벼슬자리를 채우기란 어림없었지. 하지만 과거로 사람을 뽑기 시작한 것만으로도 큰 변화가 일어났어. 과거제가 시행되면서 왕에게 충성하는 신하들이 늘어나기 시작했거든. 그들은 왕의 힘을 강하게 하고 중앙집권체제를 이룰 수 있게 하는 뼈대가 되었어.

고려 지방 제도가 정비되기까지는 더 많은 시간이 걸렸어. 성종 때 와서야 비로소

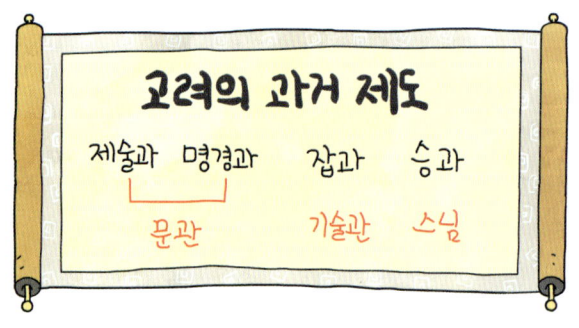
고려 시대 과거제

각 지방의 호족이나 촌주들의 개인 군사를 없애고 개경에서 관원을 직접 내려 보냈지. 또 12목을 설치하여 지방 통치의 거점을 체계화하고 향리 제도를 정비하여 지방 세력이 중앙에서 내려간 관원에게 복종하는 체제로 만들었어. 이로써 왕명이 지방까지 골고루 미치게 된 거야.

5도 양계 지도

누가 고려의 권력을 가지고 있었을까?

고려는 문벌 귀족이 정치와 경제를 좌지우지하는 사회였어. 문벌이란 높은 벼슬아치가 나와 명망을 쌓은 집안을 말해. 대대로 높은 벼슬을 함으로써 개인은 출세하여 귀하게 되었고 가문에는 영광이 되었어. 높은 벼슬에 오르면 집안에서는 족보에 올리고 자랑으로 삼았지. 나라에서는 문벌을 우대하고 그들의 자손을 특별 채용했어. 귀족 가문에서 태어난 사람들은 과거를 보지 않고서도 벼슬을 할 수 있었거든. 자, 문벌 귀족이 어떻게 만들어졌는지 알아볼까?

관리에게 전시과를 나누어 주다

고려는 관리가 되면 나라에서 땅을 나눠 주었어. 이 제도는 태조가 죽은 지 30년 뒤 경종 때부터 시작된 거야. 이후에 목종이 18단계로 관리의 등급을 정해서 땅을 나눠주었지. 이것이 바로 전시과라는 토지 제도야. 군사와 아전까지, 모든 관리들이 전시과를 받을 수 있었어. 전시과에서 나눠 준 땅은 전지와 시지로 나누는데 전지는 곡식을 거두는 논밭을 말하고, 시지는 땔감을 얻을 수 있는 산자락이야.

전시과를 받은 관리들은 죽거나 벼슬에서 물러나면 그 땅을 다시 나라에 돌려줘야 했어. 그런데 좋은 땅은 경기도 이남과 개경 일대에 집중되어 있었어. 그래서 개경과 경기도 일대의 기름진 논밭과 산자락은 관리들이 탐을 내곤 했지. 땅을 기름진 정도에 따라서 '결'로 나누었는데 가장 높은 벼슬인 문하시중은 전 100결과 시 50결을 받았어.

관리는 땅과 함께 녹봉도 받았는데 녹봉은 쌀로 주어졌어. 또 5품 이상의 관리에게는 따로 공음전시를 주었어. 공음전시는 전시과와 다르게 자손에게 대를 이어 물려줄 수 있었지. 그래서 고위 관리가 되면 호사스러운 생활을 할 수 있었단다.

농민은 관리가 아니니 전시과를 받지 못해. 조상 대대로 물려받은 땅을 가진 농민은 세금으로 수확의 10분의 1을 나라에 바쳐야 했어. 하지만 자기 땅을 가진 농민들도 흉년이 들거나 힘센 자에 빼앗겨 땅을 잃고 남의 땅을 일구는 경우가 많았어. 남의 땅에서 농사짓는 농민은 수확의 절반을 땅 주인에게 바쳐야 했어.

과거제와 음서제

꼭 과거를 거쳐야만 고려의 관리가 되는 것은 아니야. 고려 사회는 고위 관리를 우대했는데, 한번 높은 벼슬을 지내고 나면 그 혜택이 자식에게까지 미쳤어. 5품 이상의 고위 관리의 자식들은 과거를 보지 않고도 벼슬을 할 수 있었어. 조상의 음덕으로 관리가 될 수 있는 특혜를 준거야. 이것을 음서라고 했어.

음서 제도는 타고난 핏줄로 신분을 결정하는 골품제와는 다르지만 혈통에 따라 특혜를 주는 것이니까 공정한 제도는 아니었지. 게다가 능력에 따라 관리를 뽑는다는 과거도 아무나 볼 수 있는 것은 아니었어. 과거를 보려면 집안 내력을 적은 단자를 제출해야 했거든. 이 단자는 응시 자격을 제한하는 구실을 해서 일반 양인에게 불이익을 주었지. 벼슬을 한 조상이 없는 백정 농민과 천인들이 과거를 볼 수 없었던 것은 물론이야.

고려의 과거와 음서 제도는 특정 신분만이 벼슬을 독차지하고 그 특권을 후세에 물려주는 제도였어. 바로 이런 이유 때문에 고려를 귀족 사회라 부르는 거야.

문벌의 형성과 귀족 사회

고위 관리가 된 사람들은 공음전을 받아 부를 대물림하고 음서를 통해 자식에게 권력을 물려주게 되었어. 특히 왕건을 도와 공을 세운 이들의 위세는 대단했지. 최승로와 같은 유학자도 공을 세운 사람들을 우대해야 나라의 기강이 선다고 말했어. 이렇게 고려 사회는 몇몇 가문이 대대로 혜택을 누리며 번창했지. 사람들은 이들 가문을 일컬어 문벌이라 했단다.

문벌 귀족은 조정의 중요한 자리를 차지하며 권력을 독점했어. 과거를 보아 관리가 되었더라도 문벌 귀족 출신이어야 더 빨리 높은 벼슬에 오를 수 있었어. 결혼도 문벌 가문끼리만 했단다.

이름난 문벌로는 어떤 집안이 있을까? 대표적인 문벌로 이자겸의 경원 이씨, 김부식의 경주 김씨, 여진을 정벌한 윤관의 파평 윤씨 등이 있어. 또 경주 최씨 가문처럼 개국 공신이거나, 학자로 이름난 최충의 해주 최씨 가문도 유명한 문벌이야. 이들 가문도 대대로 높은 벼슬을 하면서 고려 사회를 좌지우지하였지.

● 독서삼품과와 과거제

신라 신문왕이 경주에 교육기관인 국학을 설치했어. 박사와 조교가 귀족의 자제들에게 《논어》와 《효경》 등 유학 경전을 가르쳤지. 이후 역사와 제자백가서도 추가했어. 그리고 그 성적에 따라서 관리를 뽑는 독서삼품과를 설치했지. 독서삼품과는 귀족들 가운데서도 국학 출신에게만 응시할 자격이 있었어.

한편, 고려의 과거제는 시험을 통해 관리로 나갈 기회를 주는 제도였어. 과거의 종류에는 작문 능력을 보는 제술과와 유학 경전의 지식을 보는 명경과가 있고, 그밖에 기술직을 뽑는 잡과가 있었어. 이 가운데 제술과를 가장 알아주는데, 이 시험은 3단계로 나뉘어서 전국적으로 치러졌지. 하지만 노비 같은 천인은 아예 과거에 응시할 수가 없었어. 과거 제도는 독서삼품과와 달리, 개경에 사는 사람들뿐 아니라 지방에 사는 이들도 볼 수 있었어. 고려의 과거제는 음서제와 더불어 관리로 나아가는 등용문이 되었단다.

독서삼품과
−신라 시대, 귀족 자제 중 국학 출신들이 보는 시험.

과거제
−고려 시대, 지방에 사는 귀족이라도 볼 수 있고, 여러 부문으로 나누어 관리를 뽑는 시험.

음서제
−고려 시대, 시험 없이 부모가 높은 벼슬을 하면 자식이 시험을 보지 않고 관리가 됨.

어린 윤의는 글공부보다 놀기가 좋았어요. 하루는 윤의가 몰래 뒷산 자락에서 놀다 개구리를 잡아 가지고 집으로 왔어요. 막 대문을 넘어설 때였어요.

"네 이놈. 당장 따라 들어오너라."

할아버지의 서슬 퍼런 말투에 윤의는 가슴이 콩알만 해졌어요.

윤의는 쭈뼛쭈뼛 할아버지를 따라 들어갔어요.

"왜 글공부에 마음을 못 두고 산으로 들로 쏘다니는 게냐?"

윤의는 고개만 숙이고 아무 말도 못했어요.

"사내로 태어났으니 나라의 관리가 되어 이름을 높여야 할 게 아니야."

"공부를 안 해도 저는 관리가 될 수 있지 않습니까?"

집안에 노비들이 윤의에게 늘 말했지요. 도련님은 과거 공부 안 해도 조상님 덕분에 저절로 관리를 할 수 있으니 얼마나 좋으냐고요.

"네가 지금 음서를 말한 것이냐? 어허, 가문에 먹칠을 할 녀석이구나."

음서 제도는 5품 이상을 지낸 관리의 자제는 과거를 보지 않고도 나랏일을 할 수 있는 제도였어요. 윤의는 그게 왜 할아버지를 화나게 한 것인지 알 수 없었어요.

"우리 가문이 어떤 가문이냐?"

윤의가 대답을 하지 않고 우물쭈물하였어요. 그러자 할아버지는 다시 캐물었어요.

"우리 가문의 시조가 누구시더냐?"

"최 충자입니다."

윤의는 최충에 대해서는 귀가 따갑게 들어 왔지요.

최충은 문종 임금 때 과거에 수석으로 합격하여 나라 관리가 되었지요. 한림원 관료로 외교 문서를 작성하고, 실록을 편찬하고, 천리 장성을 쌓는 것을 건의하는 등 많은 업적을 남겼어요. 그리하여 최고 관직인 문하시중의 자리에까지 올랐다지요. 또 정종 때 과거 시험관인 지공거가 되어, 고위 관료가 된 제자들을 구름처럼 거느렸기 때문에 두고두고 가문의 자랑이었어요. 그뿐 아니라 나이가 들어 나랏일을 그만두신 후에는 구제 학당을 열어 제자들을 모아 가르쳤다고 해요. 그래서 윤의네 집은 지금까지도 학자들로 들끓었지요.

최충의 아들인 최유선도 과거 급제하여 문하시중의 자리에 올랐어요. 최충의 손자인 최사추는 당시 왕의 내시였지요. 고려의 내시는 조선 시대

아집도 대련 ⓒ삼성미술관 리움
고려 시대 귀족들의 삶을 보여 준다.

용수전각문경
ⓒ국립대구박물관
고려 귀족들이 살던 저택 모습을 볼 수 있다.

내시와 달리 고위 관원이었어요. 그의 자손인 최사제 역시 과거에 합격하여 평장사를 지냈지요.

"우리 가문은 대대로 과거에 합격하여 조정에 나아간 가문이다. 조상님 덕을 빌어 벼슬을 거저 얻는 것은 자랑이 아니라 부끄러움이다. 네가 지금 우리 가문에 먹칠을 하려는 게냐?"

할아버지 목소리에는 위엄이 서려 있었어요.

"우리 가문의 시조였던 최충 어른이 간곡히 당부하였느니라. 선비가 나라의 관리가 될 때 조상님 덕을 입으면 사람의 비웃음을 사기 쉽다. 음서에 의지하지 말고, 스스로 실력을 쌓아 과거에 합격해야 하는 게 옳다."

할아버지는 이렇게 말하고는 윤의에게 회초리를 가져오게 하였어요.

윤의는 할아버지에게 회초리를 내밀었어요. 그런데 할아버지는 회초리를 받지 않고 자신의 종아리를 걷어 올렸지요.

"자, 쳐라. 내 너를 잘못 가르쳤구나. 맞을 사람은 네가 아니라 나와 네 아비니라."

깜짝 놀란 윤의는 할아버지께 다시는 안 그러겠노라 하며 잘못을 빌었어요.

"쳐라, 네가 깨우칠 만큼 나를 치거라. 어서."

할아버지의 뜻에 윤의는 하는 수 없이 회초리로 할아버지의 종아리를 내리쳤어요. 할아버지의 종아리를 때리며 윤의는 펑펑 눈물을 흘렸어요.

"우리 가문의 이름을 더럽히는 것은 누구든 용서치 않을 것이니라. 알겠느냐?"

그 뒤, 윤의는 마음을 다잡고 열심히 공부하였어요. 그리하여 인종 6년 과거에 급제하였지요. 할아버지와 아버지 최용은 몹시 기뻐하였어요.

"우리 윤의도 해주 최씨 가문의 자손답구나. 하지만 이제부터 시작이니라. 가문을 빛내고 나라를 위해 바르고 좋은 일을 하여라."

윤의는 해주 최씨라는 것이 뿌듯하였지요.

얼마 뒤 집안에 좋은 소식이 들렸어요. 여동생이 예종의 숙비로 뽑혀 궁중에 들어가게 된 거여요. 이 덕분에 아버지 최용은 참지 정사가 되었어요. 최윤의도 누이가 몹시 자랑스러웠어요. 최고의 가문만이 누릴 수 있는 경사였지요.

'아, 내가 이제 임금님과 처남 매부 사이가 되는구나!'

이로 해주 최씨 가문은 왕의 외척이 되었어요. 하지만 윤의는 그의 자손들에게 당부하였어요.

"실력 없이 음서로 조정에 나아갈 생각은 꿈도 꾸지 마라."

이런 엄격한 가훈 덕분에 과거 합격자들이 줄줄이 이어지면서 해주 최씨 가문은 분벌이 될 수 있었지요.

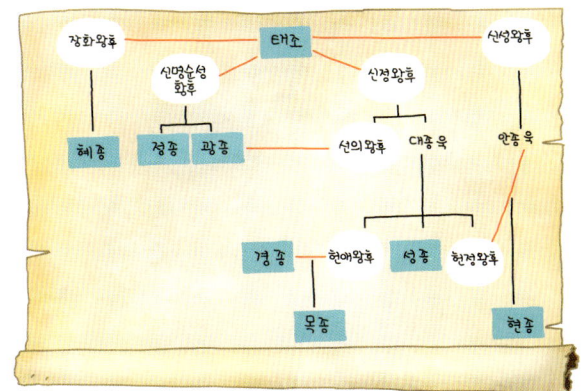

고려 왕실 근친 관계도
고려는 초기부터 사촌이나 배다른 남매간의 근친혼이 흔한 일이었다.

왕의 외척이 된 문벌

문벌들 중에는 딸을 왕비로 만들어 왕의 외척이 되기도 했어. 안산 김씨인 김은부 집안은 현종 때부터 문종 때까지 왕비를 냈지. 이자겸의 경원 이씨 집안은 문종 때부터 인종 때까지 80여 년 동안 무려 10명이나 되는 왕비를 냈어. 이들은 왕의 외척으로 엄청난 권세를 누렸단다.

외척문벌로 유명한 이자겸 가문을 한번 볼까? 이자겸의 누이는 12대 순종의 비인 장경궁주야. 이자겸의 둘째 딸은 예종의 비인 문경왕후가 되었지. 딸이 왕비가 되자 이자겸은 누구보다 빠르게 재상이 되었어. 딸이 낳은 아들 인종이 왕위에 오르자 왕의 외할아버지가 된 이자겸의 권세는 하늘을 찔렀어. 그럼에도 행여 권세를 잃을까 조바심이 났지. 그래서 자기의 셋째 딸과 넷째 딸을 연거푸 인종의 후비로 들여보냈지. 인종은 이모 둘을 부인으로 맞이했고, 이자겸은 왕의 외조부이자 장인이 된 거야.

이자겸의 생활은 임금 못지않게 호화로웠어. 혹여 조금이라도 거슬리는 자가 있으면 모함하여 해코지하였어. 이자겸의 반대파들은 거의 싹쓸이되고 그 위세는 임금조차 두려워할 정도였어. 더 많은 권력을 탐내던 이자겸은 왕까지 독살하려다가 실패하고 죽게 되지.

이자겸의 난은 아무런 견제도 받지 않는 문벌 귀족의 폐해를 적나라하게 보여준 사건이었어. 문벌 귀족의 손아귀에 놀아나면서 왕권은 땅에 떨어졌어.

잔과 잔 받침
ⓒ국립중앙박물관

문벌 귀족의 생활

문벌 귀족은 모두 개경에서 살았지. 문벌 귀족들은 개경에서도 풍수지리설에 명당으로 알려진 궁궐 앞 남대가 근처에 살았어. 13세기 초 기록에 의하면 개경에는 10만 호가 있었다고 해. 개경을 무대로 번영을 누리며 살았던 그들에게 가장 무서운 벌은 죄를 짓고 벼슬을 빼앗긴 채 시골로 내려가는 것이었지.

개경 사람들은 사람을 볼 때 그가 어느 가문 사람인지를 보고 평가하였어. 혼인할 때도 상대 가문이 어떤지를 몹시 따졌지. 그래서 족보나 묘지명에서 무슨 벼슬을 했었는지 기록하고 자랑했어. 또 함께 과거에 합격한 이들끼리 모여 동방이라고 부르면서 시험 감독관이었던 지공거를 은인으로 모시는 풍습도 생겼어. 벼슬이야말로 부귀영화의 출발점이었거든.

또 문벌 귀족은 남에게 어떻게 보일까를 매우 신경 썼어. 집 밖으로 행차할 때도 말이나 가마를 호화롭게 꾸며 치장하였지. 또 가문의 복을 빌기 위해 직접 절을 짓기도 했지. 그런 절을 원찰이라고 해.

꾸미개
ⓒ국립중앙박물관

돋보기

당당한 고려의 여자들

고려 시대 가족은 보통 부부를 포함하여 5~6명으로 이루어진 핵가족이었어. 그리고 사위가 처가살이하는 것은 흔한 일이지. 그러다 보니 딸 아들 차별이 없었어. 3대가 한 울타리 안에 살면서, 남존여비 풍속이 심했던 조선 시대와는 다르지.

남녀가 혼인을 하고 부부가 되면 조선 시대에는 신랑이 신부를 자기 집으로 데려와 살았지. 그러나 고려 때에는 신부가 신랑을 제 집으로 데려왔어. 이것은 고구려의 데릴사위 제도의 전통을 잇는 방식이라 볼 수 있어. 고려는 단지 나라 이름만 고구려를 계승하고 있었던 것이 아니야.

고려 때 왜 사위의 처가살이가 보편적인 것이 되었을까? 처가살이는 신부가 결혼할 때 한번에 들어가는 부담금을 줄이는 대신 신랑의 생활을 보장해 주었어. 신랑은 먹고 입고 쓰는 모든 것을 처가에 의지하였지. 이규보는 장인이 죽자 애도하는 글에서 "내가 사위로서 밥 한끼와 물 한 모금을 다 장인에게 의지하였다."고 하였어. 이런 풍속은 왕가도 예외가 아니었어. 인종도 외가인 이자겸의 집에서 어린 시절을 보냈지.

처가살이가 당연시되는 사회였으니 여자의 경제권도 강했어. 부모가 죽으면 재산이 아들과 딸에게 고루 나누어졌지. 부모의 제사도 아들과 딸이 돌아가며 모셨어. 결혼한 뒤에도 여자의 재산은 보호를 받았고 말이야.

벼슬아치가 처가 동의 없이 아내를 버리면 벼슬에서 물러나야 했어. 재혼한 여자의 자식들도 음서의 혜택을 빼앗기지 않았지. 족보에 기록할 때도 아들만 골라서 올리지 않고 태어나는 순서대로 올렸어. 남편이 죽으면 장성한 아들이 있어도 아내가 법률상으로 가족을 대표하는 호주가 되었어. 이런 풍속은 모두 여자의 권익을 높여주었단다.

그래서 여자의 이혼이나 재혼은 어렵지 않았어. 고려에 온 송나라 사신 서긍은 견문기에 쓰기를 '사람들이 결혼을 쉽게 하고 이혼도 쉽게 하니 가소로울 지경'이라 했대. 그만큼 고려 여자들은 재산의 소유와 재혼의 권리에서 당당했어. 남편이 죽어도 여자에게 절개를 지킬 것을 요구한 것은 조선 시대에 들어와 《주자가례》가 널리 보급되면서부터야.

머리꽂이
ⓒ국립중앙박물관

돋보기

	고려 시대	조선 시대

 혼인 제도

일부일처제 　　　　　　　　　　처첩제

 혼인 후 거처

처가살이 　　　　　　　　　　시집살이

 여자의 두 번째 혼인

불리한 대우 받지 않음 　　　　　　　　　　법으로 금지

고려 시대		조선 시대
 차별 없음	서자 대우 (서자: 본부인이 아닌 여자가 낳은 자식)	 법적, 사회적 차별
 남녀 고루	재산 상속	 적자와 서자, 아들딸 차별
 자녀들이 돌아가면서	제사권	 맏아들이 도맡아서

고려의 도읍지, 개경

세 겹 철옹성 안 궁궐

개경은 도읍지야. 왕이 사는 궁궐이 있고 관아가 몰려 있는 곳이지. 고려가 몽골에게 굴복하기 전에는 황제의 나라에 준하는 체제를 가지고 있었으므로 황성이라고도 했어. 한반도 복판인 이곳은 북쪽으로 험준한 송악산이 치솟고, 좌우로 덕암봉과 용수산이 감싸고 있어 천혜의 요새야. 게다가 남쪽으로는 예성강과 임진강이 흐르고 있어 중국 및 한반도 남북으로 자유로이 오갈 수 있는 물길 교통의 요지였지.

고려 사람들은 개경의 둘레를 빙 둘러 성을 쌓았는데, 이 성을 나성이라고 해. 나성 안 서북쪽 송악산 자락에 다시 황성을 지었고 그 안에 왕이 머무는 궁궐이 있었어. 궁궐에서 가장 중요한 곳은 왕의 집무실인 회경전이야. 개경의 궁궐은

개경 지도

평지에 지어진 조선의 도읍지 한양과 달리 가파른 비탈 위에 지어졌어. 사람들이 눈을 들어 우러러 보게 해서 경외감을 갖게 했지.

팔관회 풍경

대규모 행사는 개경 앞 구정이라는 광장에서 열렸어. 왕이 즉위할 때도 이곳에서 즉위식을 했고, 나라의 잔치인 팔관회도 구정에서 치렀어. 이 광장은

아주 큰데다 높은 궁성문이 솟아 있어서 사람들을 압도했지.

  팔관회는 고려의 가장 큰 축제로 해마다 11월 보름에 이틀간 열렸어. 이때에는 지방에서 올라온 관리들이 황제에게 만수무강을 비는 글을 올렸어. 이

잔치에 동원된 관리와 행사 인원들이 3천이나 되었다고 해. 멀리 탐라·여진·송나라·일본에서 온 상인들도 예물을 바치며 머리를 조아렸지. 팔관회는 단순한 연중행사가 아니라 고려인의 단합을 도모하는 축제였어. 또한 동아시아 각국의 상인들이 찾아와 친목을 다지는 경제 교류의 장이었단다.

개경의 번화가 남대가 풍경

개경에서 가장 번화한 곳은 어디였을까? 바로 나성의 남문에서 광화문에 이르는 남대가였단다. 남대가에는 관청이 줄지어 있고 시전이 늘어서 있어 늘 사람들로 붐볐지.

시전은 관아에 물건을 대주는 상인이 열어놓은 가게야. 13세기 초 남대가에는 시전이 길 양 쪽에 200여 칸 정도 늘어서 있었어. 팔관회에 온 외국 상인들은 이곳에 와서 고려 닥종이나 청자를 사갔지. 아라비아에서 온 색목인이 만두를 파는 쌍화점이나 유녀들이 웃음을 파는 술집도 모두 남대가 근처에 있었어. 나라의 큰 절이나 귀족들의 집도 모두 이 일대에 몰려

황비창천 ⓒ국립중앙박물관
고려 시대의 구리 거울.
항해하는 배가 새겨져 고려의 활발한 해상 활동을 보여 준다.

있었단다.

　이러다 보니 남대가에서는 굵직한 사건들이 일어나는 일이 많았어. 예를 들면, 만적이 반란을 일으킬 때 모이기로 한 흥국사가 있는 곳도 남대가였어. 그리고 무신 정권의 실력자 최충헌이 아우와 혈전을 벌인 곳도 남대가였지. 그래서 고려 조정에서는 남대가에 치안을 담당하는 '가구소'를 두었어.

붐비는 무역항 벽란도

　자, 한번 상상해 볼까? 남대가에서 물건을 사고 돌아가는 중국 상인이라면 어디로 가야할까? 십자가에서 고남문

고려 시대 무역도

을 빠져나와 동쪽으로 갈까? 그쪽으로 가면 선죽교가 나오고, 북쪽으로 올라가면 고려의 최고 학부인 성균관이 나와.

　서쪽에 있는 선의문을 빠져나가야 예성강 하구에 있는 벽란도가 나와. 벽란도는 다른 나라와 활발하게 교역하던 무역항이야. 남대가가 나라의 힘을 업은 상인들의 근거지라면 벽란도 일대에는 일반 상인들이 자유로이 모이는 난장이 섰어. 벽란도는 그냥 항구가 아니라 상당히 번성한 고려 상업 근거지였단다.

　개경에 온 김에 하룻밤 머무르며 더 구경하고 싶다면 어디서 자야 할까?

송나라 상인이라면 영빈관이나 회선관에 묵고, 여진 상인이라면 영선관에 묵을 수 있지. 멀리 아라비아 상인들까지 벽란도에 들어와 향료와 수은 등을 비단과 금으로 바꿔갔어. 그만큼 벽란도는 각국 상인들이 찾아오는 소문난 국제 무역항이었어.

벽란도 옆 서강이라는 포구에는 고려에서 제일 큰 창고들이 늘어서 있었어. 각 지방에서 세금으로 거둔 쌀이며, 개경의 관료들이 지방에서 거둔 곡식들이 모두 배에 실려 이곳에 모였지. 이곳에는 고기와 땔감을 싣고 온 어선과 시선이 붐비고, 짐을 푸고 실어 주는 일로 살아가는 지게꾼이며 품팔이꾼들이 바글거렸단다.

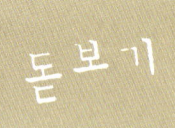

고려 학생들의 **국자감** 생활

고려 시대 학생들은 어떤 공부를 하였을까? 개경에는 국자감이라는 국립대학이 있었어. 이 학교는 일반인을 위한 게 아니고, 고급 관리를 키우는 양성소야. 최충이 세운 사립대학인 구재학당과 더불어 고려의 엘리트를 키우는 기관이었어.

국자감은 입학 자격이 까다로웠어. 지방에서 특별히 뽑힌 학생들이나 개경에서 근무하는 관원의 아들들만이 들어갈 수 있었으니까. 여자는 입학할 수 없었고, 노비 같은 천인도 마찬가지였어. 조선 시대에 서당이 세워지면서 입학자격이 넓혀진 것은 사실이지만 그때도 여자와 노비들은 공부하는 게 쉽지 않았어.

나라에서는 국자감 학생들을 위해 쌀을 지원하고 실력 있는 교수를 배치하기 위해 고심했지. 국자감에서는 유학경전을 가르치는 반과 산수 등의 기술학을 가르치는 반이 따로 있었어. 반은 입학할 때 정하는데, 기술보다는 유학을 더 알아주었지.

유학반에서는 《논어》와 《효경》이 필수였단다. 《논어》는 공자의 언행을 담은 책이고, 《효경》은 효를 다룬 책이야. 두 책으로 한문을 익히면서 윤리와 인간의 도리를 배우는 거야. 이들 책을 떼는 데 1년이 걸려. 그러고 나면 2년 동안 《상서》며 《공양》 같은 책을 읽었지. 제왕의 역사를 읽으면서 다스리는 사람의 임무가 무엇인지를 깨치는 거야. 그런 뒤 상급학년으로 올라가 2년간 《주역》과 《시경》을 읽었어. 쉽게 말해 철학으로 세상의 변화를 이해하고 시로 감정을 표현하는 방법을 익히는 거야. 마지막

개성 성균관
국자감은 후에 성균관으로 이름이 바뀌어 계승되었다.

단계로 《예기》와 《좌전》을 배우는 3년 과정이 더 남아 있었어.

유학반을 마치자면 꼬박 8년 남짓 걸리는 거야. 대개 읽고 풀이한 뒤에 외우는 수업인데 요즘처럼 월말고사, 중간고사, 기말고사를 봤어. 시험 땐 책을 덮고 선생님 앞에서 외우면서 문득 뜻을 물으면 풀이를 해야 했지. 제대로 외우면 달통, 서툴거나 못 외우면 조(서툼)라거나 불통(먹통)이라 했어. 불통을 연속 맞으면 낙제하는 거야.

글씨를 익히는 것은 물론이고, 문장을 짓는 솜씨도 익혀야 했어. 시무책이라 하여 왕이 내는 일종의 논술 시험도 보았어.

국자감에서 좋은 성적을 거둔 학생은 과거시험에서 일부 과목을 면제받았어. 과거는 사흘에 걸쳐 치르는데, 딱 33명만 뽑다보니 경쟁이 치열했지. 5품 이상인 귀족의 아들이 아니라면 음서의 길도 없으니 과거에 매달릴 수밖에 없었어.

과거에서 온 편지

여기는 개경!

푸른 빛 기와로 뒤덮인 여기가 바로 개경이야. 고려 왕궁이 있는 개경에 문벌 귀족들이 모여 살았어.

남대가를 구경하는 재미도 아주 쏠쏠해. 저기 봐, 고려청자도 있고 닥종이도 있어.

고려가 아닌 다른 나라에서 들어온 물건도 많아. 저기 벽란도가 보여. 다른 나라 사람들과 무역이 활발하게 이루어지고 있네!

외침을 막아 낸 고려

고려가 나라의 기틀을 다지는 동안
나라 밖에서는 무슨 일이 있었을까?
요동에 있던 거란의 세력이 점점 커지고 있었어.
거란은 발해를 멸망시키고 점점 세력을 키워 요나라를 세웠지.
서경을 중심으로 북진 정책을 펴던 고려는
수차례나 계속된 거란의 침략을 막아냈어.
요동에서 일어나 중원을 집어삼킨 거란과 여진이었지만
고려는 삼킬 수가 없었지. 군사력도 열세였고 외교도 미숙했던 고려가
어떻게 외침을 막아 낼 수 있었을까?

주요 사항	시대
강조의 정변 **1009년**	
귀주 대첩 **1019년**	

전시과와 관제를 고침 **1076년**	
의천, 교장도감 두고 대장경을 새김 **1086년**	
십자군 원정 **1096년~1270년**	
주전도감 설치 **1097년**	고려
해동통보를 만듦 **1102년**	
윤관, 여진 정벌 **1107년**	

금 건국 **1115년**	
금, 요를 멸망시킴 **1125년**	
이자겸의 난 **1126년**	
북송 멸망, 남송 시작 **1127년**	
묘청의 서경 천도 운동 **1135년**	
김부식, 삼국사기 편찬 **1145년**	

가 보자, 여기
낙성대

낙성대는 강감찬 장군이 태어난 곳에 세워진 사당이야.
장군이 태어날 때 이곳에 별이 떨어졌다고 해서 낙성대라고 불리지.
강감찬은 고려 현종 때 거란의 침입을 막아 내었던 명장이지.
소가죽으로 강물을 막아 거란군을 단숨에 쓸어버렸다는 귀주대첩이 유명해.
낙성대 안에 있는 안국사라는 사당에는 강감찬의 영정이 모셔져 있지.

거란이 쳐들어와 천리 장성을 세우다

세력을 넓히는 거란

고려가 후삼국을 통일한 10세기 무렵, 거란이 무서운 기세로 성장하고 있었어. 거란은 유목을 하며 압록강 서북쪽의 시라무렌강 일대에 살던 민족인데, 거칠고 호전적이었다고 해. 거란의 야율아보기는 요나라를 세우고 만리장성 이북의 만주 지역을 차지했어. 그들은 만리장성 아래쪽 기름진 중원 땅을 차지하기 위해서 송나라와 대치했지. 송나라는 거란을 경계하며 고려와 친하게 지냈어.

거란은 고려가 송나라와 친하게 지내는 것이 매우 못마땅했어. 고려를 그대로 놔두고 송나라를 치러갔다가는 뒤에 있는 고려에게서 공격을 당할 수도 있거든. 그래서 거란은 태조 왕건에게 친하게 지내자는 뜻을 전했어. 하지만 태조 왕건은 거란이 고구려를 계승한 발해를 망하게 한 원수의 나라라 생각했어. 태조 왕건은 쫓겨 온 발해 왕족인 대광현에게 땅과 벼슬을 주고 우대할 정도로 발해 유민을 적극 받아들였거든. 그래서 거란이 보내온 사신은 섬으로 귀양을 보내고 선물로 온 낙타는 개성 만부교 밑에 묶어 놓고 굶겨 죽였어.

정종 때에는 거란을 적으로 여기고 광군이라는 특수

부대를 조직해서 거란의 침입에 대비했어. 거란은 고려의 태도에 몹시 화가 났지.

거란의 1차 침입과 서희의 활약

거란은 993년 소손녕을 앞세워 고려를 치기 위해 압록강을 건넜어. 무려 80만 대군이라는 어마어마한 병력이었어. 개경 위쪽에서 압록강으로 통하는 길은 군대의 기나긴 행렬로 온통 뒤덮였지. 고려 조정은 발칵 뒤집혔어. 그들과 맞서 싸워 무모한 희생만 치르느니, 서경 이북 땅을 내주고 화친을 맺자는 의견도 나왔어. 고려의 협상 대표로 중군사 서희가 거란의 군영으로 갔지.

소손녕은 항복하러 온 자라 여기고, 서희에게 뜰아래서 절을 하고 예를 갖추라 했지만 서희는 당당하게 처신했어.

 고려는 어찌하여 우리 거란의 땅을 가로채고 우리와 적대하는가? 기어코 우리 군대의 말발굽 아래 쓴 맛을 보고야 말텐가?

 고려가 대체 누구의 땅을 빼앗았단 말인가?

 너희 나라는 신라 땅에서 일어났고 고구려 땅은 우리 것인데, 너희가 지금 평양 땅을 차지하고 있지 않느냐?

 우리나라는 옛고구려를 계승한 나라다. 그래서 평양을 작은 도읍으로 삼고 나라 이름도 고려라 한 것이다. 따지고 보면 거란의 동경도 고구

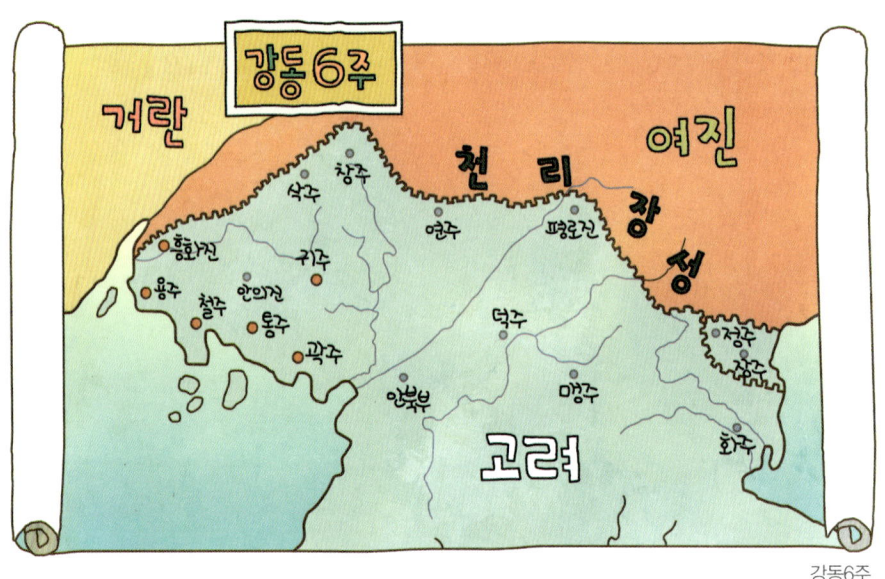

강동6주

려의 영토이니 오히려 고려가 그대 나라에 따져 물어야 할 참이다. 어찌 사실을 뒤집고 억지를 부리는가? 그리고 압록강 위아래 땅도 원래는 다 우리 것인데, 지금 여진이 도적질하여 차지하고 있을 따름이다. 어때, 이번 기회에 도둑떼 여진을 몰아내 보지 않을 텐가? 여진이 길을 막지 않았다면 우리 고려가 거란과 오가지 못할 이유가 없다.

정말인가? 우리 황제께서 나를 보낸 것은 바로 거기에 있다. 고려가 우리 거란을 미개하다 여기며 따돌리고, 오직 송나라하고만 화친하는 것에 불만이었다. 앞으로 송나라와는 발길을 끊고 우리하고만 친하게 지낸다고 약속하라.

서희는 그러하기로 약속을 했고 소손녕은 기분 좋게 협상을 마쳤어. 고려는 거란과 화친 조약을 맺었고, 소손녕은 대군을 이끌고 되돌아갔어. 서희는 칼 한 번 쓰지 않고 거란을 물리쳐 고려의 영토를 압록강 유역까지 넓

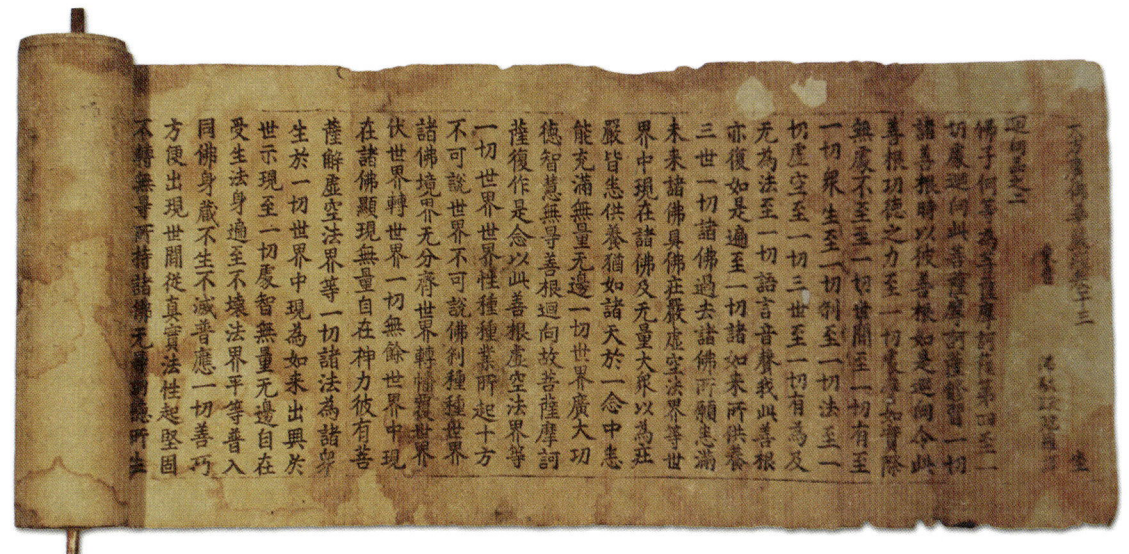

거란의 침입을 막기 위해 만든 화엄경

했지.

이후 고려는 군사를 이끌고 압록강 동쪽에 있는 여진족을 몰아내고 여섯 개의 성을 쌓았어. 흥화·용주·철주·통주·곽주·귀주, 이 여섯 개의 성이 바로 강동 6주란다. 6주는 평양의 서북쪽으로 통하는 길목이라서 군사적으로 아주 중요한 위치야. 나중에 거란은 그 땅을 다시 내놓으라고 했지. 하지만 고려로서는 그런 거란의 요구를 들어줄 수 없었지.

거란의 2, 3차 침입과 고려의 대응

중원을 차지하기 위해 거란은 만리장성을 넘어 황하까지 밀고 내려갔어. 송나라 3대

강감찬 동상

황제였던 진종은 남쪽으로 도망가 황하를 사이에 두고 거란과 대치했지. 거란의 성종은 송나라를 완전히 멸망시키고 중원을 독차지하고 싶었어. 하지만 그러기엔 고려가 골칫덩어리였지. 그래서 거란은 1010년, 두 번째로 고려를 침입해 왔어.

거란이 고려의 목종을 폐위시킨 강조를 벌하기 위해서라고 침략 이유를 내세웠지만 그것은 핑계에 지나지 않았지. 거란의 성종은 40만 대군을 이끌고 흥화진과 통주를 지나 개경에 들이닥쳤지. 고려의 왕 현종은 나주까지 피신을 해야 했어. 하지만 거란의 성종은 고려왕을 잡지도 못하고

거란 거울
ⓒ국립중앙박물관
고려와 북방의 교류 관계를 보여 준다.

군사 손실만 커지자 이내 철수할 생각을 했지. 서경과 나머지 기지에 건재한 고려군이 뒤쪽에서 기습할까 걱정했기 때문이야. 그래서 고려왕이 나중에 거란에 들어와 문안을 드린다고 하자 군대를 돌려 돌아갔지.

다시 개경으로 돌아온 현종은 핑계를 대며 거란에 문안 인사를 가지 않았어. 거란의 속국이라고 스스로 인정할 수는 없으니까 말이야. 1년 뒤 거란은 약속을 지키지 않는다며 다시 고려에 쳐들어왔지만, 강감찬이 이끄는 고려군에게 흥화진에서 크게 패했어. 강감찬은 흥화진의 강 상류를 막았다가 거란군이 강을 건널 때 물을 터뜨렸어. 이 방법은 고구려 장군 을지문덕이 살수대첩 때 사용했던 전술과 비슷해. 당황한 거란의 소배압은 중간에 다른 성은 모두 포기하고 바로 개경으로 밀고 내려왔지.

● 중원의 한족만을 숭상하는 외교, 과연 고려에 득이었을까?

왕건은 훈요십조에서 '거란은 금수의 나라이므로 문물을 본받지 말라.'고 했어. 왕건은 거란을 미개한 나라라고 보았고, 또 발해를 멸망시켰기 때문에 적대시했어. 하지만 거란의 세력은 중원을 차지할 만큼 커졌지.

훈요를 그대로 따르며 거란을 일방적을 무시하는 것은 현명한 태도가 아니었어. 중원의 한족만을 인정할 것이 아니라 북방의 힘이 어떻게 변화하는지를 잘 지켜보아야 했어. 3차례나 거란의 침입을 받아 수많은 생명과 문화재를 잃었으니까 말이야. 이렇게 북방의 유목민을 무시하는 태도는 두고두고 고려를 괴롭혔어. 거란이 물러간 뒤로는 여진의 금나라가 일어나 고려로 쳐들어왔고, 몽골의 원나라가 쳐들어와 고려를 삼켜 버렸거든.

천리 장성

  이때 개경 수비군은 들판의 곡식 한 톨 남기지 않고 우물도 모두 메웠어. 지친 거란군은 먹을 식량은커녕 물조차 구할 수 없었지. 소배압군은 굶어 죽게 될 처지였으므로 하는 수 없이 군대를 돌려 돌아가려 했지. 강감찬은 이들을 귀주에서 가로막고 크게 무찔렀단다.

  고려가 거란의 침략을 막아 내자 고려를 보는 외국의 시선이 달라졌어. 중국의 송나라는 고려와 더 가까이 지내고 싶어 했지. 개경에 온 송나라 사신 서긍은 고려가 고구려를 계승했음을 인정하고 어떻게든 고려가 거란을 견제해 주기를 바랐어.

  거란이 물러간 뒤 고려는 개경 주변에 나성을 쌓고 국경 북쪽에는 10년에 걸쳐 천리 장성을 쌓았단다.

여진이 쳐들어오다

강해진 여진족

거란이 세운 요나라는 12세기 들어 점점 쇠퇴하였어. 반면 여진족은 점차 강해졌지. 그들은 아직 통일된 국가를 이루고 있지 못하고 부족별로 초원에 흩어져 살았어. 고려는 말과 화살을 바치며 식량을 간청하는 여진족에게 식량과 농기구를 주며 달래는 정책을 썼지.

그러던 여진족이 완옌부를 중심으로 통합해 고려를 압박하기 시작했어. 이제 여진은 단순한 좀도둑들이 아니었지. 고려 숙종은 여진을 정벌하려 했지만 말을 타고 달리는 날쌘 여진을 당해낼 수가 없었어. 게다가 그들 보병 부대는 새까맣게 몰려와 돌무더기 부대를 쌓아서 성벽을 단숨에 넘어 버렸어. 여진을 정벌하러 나선 윤관은 패배를 맛보아야 했지.

윤관의 여진 정벌

윤관은 여진과 첫 싸움에서 패배했지만 더욱더 여진 정벌을 다짐하게 되었어. 윤관은 여진과 맞서 싸우기 위해 새로운 군대를 만들어야 한다고 건의했어. 걸어 다니는 보병이 말을 타고 다니는 여진족을 상대하기는 힘들었기 때문이야. 고려는 별무반이란 특수 부대를 조직했어. 별무반은 신기

척경입비도 ⓒ고려대학교박물관
윤관이 여진족을 물리치고 경계에 비석을 세운 일을 담고 있다.

군(기병)·신보군(보병)·항마군(승병)으로 편성한 기동 부대였어. 이 가운데 핵심은 무엇보다 말을 타고 싸우는 신기군이야.

또 별무반에는 각종 신무기가 배치되었지. 그 중 천둥소리를 내며 불덩이를 날리는 화공 무기 '발화'는 우레와 같은 소리와 불빛 때문에 적의 간담을 서늘하게 했어. 이밖에도 선두에 서서 적의 선봉을 깨는 돌격대, 기계식 활인 쇠뇌를 날리는 정노대, 활을 쏘는 궁수대 등을 따로 만들었어. 이런 강력한 무력과 편성 덕분에 별무반은 용맹을 떨칠수 있었단다.

1107년, 윤관은 17만 군사를 이끌고 천리 장성의 동북쪽 정주에서 곧장 여진의 근거지를 소탕하기 시작했어. 그중에서도 함흥평야는 가장 중요한 여진의 거점이었어. 고려군은 엄격한 군율과 신무기를 갖춘 덕분에 함흥평야의 9군데 거점을 장악했어. 윤관은 그곳에다 성을 쌓아 기지를 만들었지. 이렇게 해서 고려의 동북쪽 국경이 크게 확장되었단다.

윤관은 여진족을 제압하고 당당하게 개선하였어. 그러나 고려 조정은 불과 2년 만에 9성 지역을 도로 여진에게 내주었지. 여진이 사신을 보내와 옛 땅을 돌려 달라고 애원하기도 했지만 진짜 이유는 따로 있었어. 9성을 유지하는데 많은 비용이 들었기 때문이야. 여진은 기습 공격에 능해서 수시로 고려를 괴롭힌 데다 머나먼 땅에 군대를 주둔시키는 것도 힘든 일이었어. 게다가 윤관을 시기하는 자들이 그의 공을 헐뜯었지.

'아. 오늘 밤도 잠을 이룰 수가 없구나!'

윤관은 며칠 밤을 잠을 못 이루고 뒤척였어요. 여진과 첫 싸움에서 진 것이 분해서였지요.

'내 이 여진족을······.'

여진족은 고려 북방에서 머무르는 유목 민족이었어요. 고려는 여진을 달래기 위해 식량이나 농기구를 주어 왔지요. 하지만 여진족은 자꾸만 고려 국경을 넘어와 노략질을 하였어요.

윤관의 머릿속에 여진과 지난 전투 장면이 생생히 떠올랐어요. 유목 민족인 여진족은 빠른 말을 타고 다니며 순식간에 기습해 오니 당해낼 수 없었지요.

윤관은 숙종 임금에게 말을 타고 싸울 수 있는 새로운 군대가 있어야 한다고 청하였어요.

신하들 몇몇이 반대하였어요. 그들은 윤관이 무능하여 여진에 지고서는, 공연히 군사 탓으로 돌린다고 공격하였지요. 그러나 왕이 물었어요.

"기병이 필요하다고? 헌데 어디서 많은 말을 구해 오지?"

많은 말을 기르자면 목장이 필요했고, 시간과 돈이 들었어요. 그 부담이 만만치 않았지요. 그렇지만 왕은 윤관을 밀어 주었어요.

"거란에 이어 다시금 고려 국경을 넘보는 여진족을 그냥 둘 수 없다. 그러니 윤관은 책임을 지고 새로운 군대를 모집하도록 하라."

윤관은 말을 가진 사람들을 모아 새로운 군대 별무반을 만들었어요. 별무반은 기병인 신기군과 보병인 신보군 외에, 승병 조직인 항마군, 돌격대, 활을 잘쏘는 사람들을 모은 경공 등으로 이루어졌지요.

1107년 12월 윤관은 총사령관이 되어 17만 명의 군사를 이끌고 여진 정벌에 나섰어요. 고려군은 여진족을 포위하고 일거에 쳐들어갔어요. 천둥 같은

소리를 내는 화약 무기로 공격하자 여진족은 얼이 빠졌어요. 도망치는 여진족을 빠른 기병이 쫓았어요. 활을 쏘는 궁수 부대가 뒤를 받친 것은 물론이지요. 그렇게 여진의 9군데 거점을 장악할 수 있었어요. 그러고는 함주·영주·웅주·길주·복주·공험진·통태진·진양진·숭녕진에

9성을 쌓았지요.

　윤관은 남쪽 지방의 백성들을 이곳으로 옮겨 살게 했어요. 이로써 고려의 국경이 동북쪽으로 크게 넓혀졌어요. 윤관은 당당한 개선 장군으로 개경으로 돌아왔지요. 그러자 그를 시기하는 신하들도 많아졌어요.

한편 삶의 터전을 잃게 된 여진족은 완옌부를 중심으로 모여 한편으로는 무력 항쟁을 하고 한편으로는 조공을 바치겠노라며 땅을 돌려달라고 사정하였어요.

그러자 조정에서는 여진에 성을 돌려 주는 문제가 거론되었어요.

"동북 9성이 골치요. 그 먼 곳까지 군사가 가서 지켜야 하니 원."

"그뿐이오? 식량을 대랴, 무기를 대랴, 막대한 나랏돈이 빠져나가고 있어요."

"마침 여진 놈들이 통사정을 하니, 이참에 발을 빼는 게 낫겠소."

고려는 조공을 바치라는 조건으로 여진에 동북 9성을 돌려주었어요. 그에 따라 고려의 군사들도 되돌아왔지요. 윤관이 9성을 개척한 지 2년 만의 일이었답니다.

이때 조정의 신하들이 윤관의 죄를 물었어요.

"윤관은 처음에 미개한 여진에 져서 고려의 자존심에 큰 상처를 입혔다. 그런 뒤 골칫거리 9성 문제를 만들어 나랏돈을 하염없이 축냈으니 천하의 죄인이다. 윤관의 벼슬을 빼앗고 공신 명단에서 이름을 빼는 것이 옳다!"

터무니없는 비난이었어요. 윤관은 억울했지만 받아들여야 했지요. 그러나, 1110년 예종 임금은 윤관의 충심을 알고 복직시켜 주었답니다.

금나라가 고려에 항복을 요구하다

1115년 여진이 다시 일어났어. 나라 이름을 '금'이라 했지. 불과 11년 만에 금나라는 거란이 세운 요나라를 차지하고 만주와 몽골, 그리고 중국의 북부를 장악하였어. 송나라는 그들에게 쫓겨 황하 아래 난징까지 밀려갔어. 북송이 망하고 남송 시대가 열린 거야. 여진은 기세를 몰아 고려에 신하의 나라가 되라고 을러댔어. 당시 고려의 실권을 틀어쥐고 있던 이자겸은 중신들의 반대를 무릅쓰고 그들의 요구를 들어주었어. 금나라에 고려의 영토가 넘어간 것은 아니었지만 굳게 자주성을 지켜온 고려의 전통과 자존심은 큰 상처를 입었단다.

북방 민족들의 침입이 남긴 교훈

국경을 맞대고 있는 거란과 여진이 잇따라 침략해오자, 고려는 북방 유목민들을 주의 깊게 살피게 되었어. 그들은 결코 방심할 수 없는 상대였지. 거란이 침입해서 나주로 피신 갔던 고려왕 현종은 개경을 되찾은 뒤 대책을 세웠어. 수도를 더욱 굳건히 지키고, 왕을 지키는 시위대를 더 강하게 했지. 하지만 이것은 잠깐의 해결책일 뿐이었어.

거란과 여진이 쳐들어온 것은 훗날 몽골이 크게 일어날 수 있다는 예고였지. 그러나 고려 조정은 그 경고를 알아차리지 못했어. 북방의 유목민을 무시하고 중원의 한족만을 숭상한 것이 고려에 위기를 가져온 거야. 그래서 신채호 같은 역사가는 김부식의 사대노선이 묘청을 꺾고 득세한 것이 불행의 근원이라고 보았단다. 중원만을 우러르는 태도는 유목민들과의 교류를 끊는 결과를 낳았거든. 비록 적이어도 계속 교류하면서 그들을 주의 깊게 관찰했다면 훗날의 화를 막을 수 있었을 텐데 말이야.

돋보기

고려가 거란과 여진을 **물리칠 수 있었던 이유**는 무엇일까?

고려는 유목민들의 수차례에 걸친 침략을 막아 내는 데 성공했어. 서희는 세치 혀로 소손녕의 수십만 대군을 물리쳤으며, 윤관은 정벌군을 이끌고 여진을 먼저 공격해서 화근을 잠재울 수 있었지. 강감찬은 물러가는 적들을 무찔러 다시 쳐들어올 기세를 꺾어 버렸고 말야.

이런 성과를 올릴 수 있었던 것은 고려 사람들이 굽히지 않고 적에 맞서 싸웠기 때문이야. 군사가 되어 나가 싸우고, 천리 장성을 쌓는 고된 노역을 몸으로 견디고, 군대가 쓸 막대한 물자를 뒷감당해 준 백성의 피와 땀이 없었다면 결코 침략자들을 물리칠 수 없었을 거야.

그러나 이런 백성들의 고생이 빛을 발할 수 있었던 것은 나라 밖의 상황도 크게 작용하고 있었어. 당나라가 멸망하고 중국 대륙에 힘의 공백이 생기자 거란의 세력이 크게 일어났어. 거란은 만리장성을 넘어 중원으로 쳐들어가 송나라를 황하 남쪽으로 밀어냈지. 거란은 송나라와 고려가 연합하는 것을 경계했어. 거란이 제일 처음 침입했을 때, 서희는 이런 거란의 의도를 알아차리고 거란과 담판을 지어 거란 군대를 돌리게 했지. 그 후 거란은 강조의 정변을 트집잡아 다시 침략해 왔어. 고려에 40만 대군을 끌고 와 개경을 함락시키고 고려왕 현종을 사로잡으려 했어. 그러나 거란 성종은 문안 인사를 가겠다는 고려의 빈말만 믿고 돌아갈 수밖에 없었어. 되돌아가는 서북쪽 길에는 고려군이 항복하지 않은 채로 버티고 있었고, 중원 남쪽에 송나라가 어떻게 나올지 방심할 수 없었기 때문이야. 고려가 거란의 대군을 물리칠 수 있었던 것은 당시 정세를 잘 파악하고 있었던 덕분이며, 이 능력이 백성들의 노고를 한층 값진 것으로 만들었던 거지.

고려 군사 모습

과거에서 온 편지

거란이 쳐들어왔어!

거란이 제일 처음 쳐들어왔을 때 서희가 담판을 지어 거란군을 돌려보냈지. 그런데 거란군이 또 쳐들어왔지 뭐야.

저길 봐, 군사들이 소가죽으로 무얼 하는 거지? 강 상류를 막고 있네. 저기 강감찬 장군이 보여. 거란군이 물살에 밀려 떠내려가잖아. 소배압이 몰고 온 거란의 대군을 지혜로 물리쳤어.

계속 되는 침입을 막기 위해 천리 장성을 세우는 모습도 보여. 고려 시대 사람들은 다른 나라의 침입을 지혜롭게 물리친 거야.

04

무신들의 세상

밖으로 여러 차례의 외침이 있고,
안으로는 문벌 귀족들의 횡포가 심해지고 있었어.
고려에는 변화해야 한다는 주장이 힘을 얻기 시작했지.
묘청의 서경 천도 운동은 그런 변화의 목소리 중 하나였어.
그동안 개경을 중심으로 돌아가던 문벌들에게
묘청의 주장은 커다란 파장을 일으켰어.
그러나 막상 문벌 귀족의 사회를
한순간에 무너뜨린 것은 무신이었지.
무신들의 난이 일어나고 무신들이 권력을 잡게 되었어.
지배층은 바뀌었지만, 과연 고려의 속까지 달라졌을까?

| 주요 사항 | 시대 |

윤관, 여진 정벌 **1107년**

금 건국 **1115년**

금, 요를 멸망시킴 **1125년**

이자겸의 난 **1126년**

북송 멸망, 남송 시작 **1127년**

묘청의 서경 천도 운동 **1135년**

김부식, 삼국사기 편찬 **1145년**

무신정변 **1170년**

정중부, 중방 정치 **1174년**

일본, 가마쿠라 막부 세움 **1192년**

최충헌 집권 **1196년**

만적의 난 **1198년**

칭기스 칸, 몽골 통일 **1206년**

영국, 대헌장 제정 **1215년**

몽골의 제1차 침입 **1231년**

강화 천도 **1232년**

고려

가 보자, 여기
강화도 선원사 터

선원사는 몽골의 침략 때 강화도로 도읍을 옮긴
무신 정권의 실권자 최우가 세운 절이야.
무신 정권은 처음에는 우두머리가 계속 바뀌었지만,
최충헌이 권력을 잡은 이후에는 4대에 걸쳐 최씨가 집권했지.
선원사는 지금 건물은 사라지고 옛 터에 흔적만 남아 있어.

묘청이 서경으로 도읍을 옮기자고 주장하다

12세기의 고려

　11세기 초 거란이 세 번에 걸쳐 쳐들어온 이후 고려는 크게 흔들렸어. 약 90년 뒤 북방에서 여진이 움직이기 시작하자 고려는 윤관을 보내 여진 근거지를 소탕하였지. 하지만 승리의 기쁨도 잠시, 그런 노력은 헛수고가 되어버렸어. 채 10년이 되지 않아서 여진은 중원을 틀어쥔 뒤 고려에게 항복하라 을러댔거든. 여진은 더 이상 몇몇이 떼 지어 다니는 좀도둑이 아니라 황하 북쪽의 중국 땅을 차지한 정복 왕조가 된 거야.

　이때 고려 조정의 실권자는 이자겸이었어. 여진이 세운 금나라가 침략해 오자 이자겸은 금나라에 굴복해 버렸어. 고려의 자존심은 큰 손상을 입었지. 고려는 별무반을 만들기 위해 17만 대군을 징발했고, 군대를 유지하기 위해서 백성들은 무거운 부담을 지고 있었어. 무려 40만을 이끌고 쳐들어온 거란의 성종조차도 고려를 삼킬 수 없었는데, 제대로 싸움 한번 못해 보고 여진에게 굴복한 거야. 눈앞의 이익만 챙기고 한 치 앞을 보지 못하는 조정 관리들이 불러온 결과였지. 나라의 체통을 세우지 못한 왕의 위엄은 땅에 떨어졌지.

묘청은 무엇을 꿈꾸었나

이런 민심을 읽은 이가 있었는데 바로 묘청이라는 승려였어. 묘청은 서경 출신 정지상과 함께 금나라를 치자고 왕에게 건의했지. 또 고려도 황제국을 칭하고 독자적인 연호를 쓰자고 주장했어. 거란이 요나라를 세우고 황제를 칭했고, 여진족이 금나라를 세우고 황제의 나라를 칭하고 있었어. 그들이 중원에서 승승장구하고 있었지만 황하 아래쪽에서는 아직 송나라가 버티고 있었지. 묘청은 이런 대외 정세를 꿰뚫고 있었어. 북방 민족과 송나라가 대치하고 있는 틈을 이용할 수 있겠다고 생각한 거야.

묘청은 서경 출신 승려로 풍수지리설에 능했다고 해. 그는 인종에게 땅의 기운을 다한 개경을 버리고 서경으로 도읍을 옮길 것을 제안했지. 백성들은 문벌 귀족이 나라의 안위는 뒷전으로 하고 그저 재산이나 탐내는 상황에 절망하고 있었지. 왕은 문벌 귀족들에게 끌려다니다 외적이 쳐들어오면 백성들에게 무거운 짐이나 안겨서 민심을 잃었지. 백성들은 지푸라기를 잡는 심정으로 새로운 희망을 바라고 있었어. 묘청은 그런 민심의 움직임을 믿었어.

서경은 태조 왕건이 훈요를 남겨 중요하게 여겼던 곳이야. 도읍을 옮기는 것은 국정을 한 번에 개혁할 수 있는 방법

대화궁 근처에서 발견된 용머리 장식 기와 ⓒ연합뉴스
묘청은 서경에 대화궁을 지으면 국운이 크게 일어날 것이라고 주장했다.

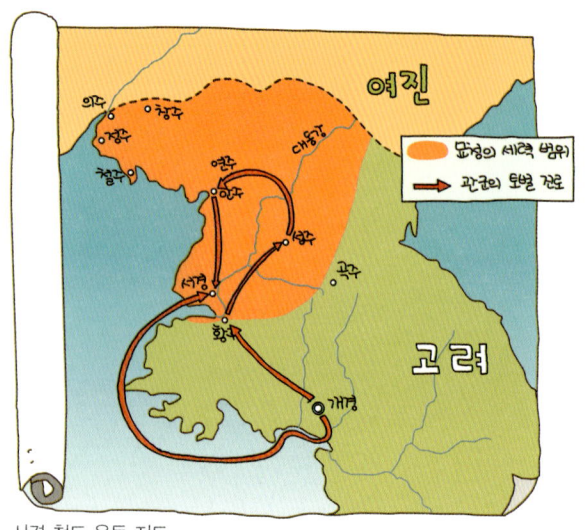

서경 천도 운동 지도

이었지. 또 서경은 북진 정책을 밀고 나갈 수 있는 발판이 될 수 있었어. 왕은 서경 천도로 왕의 위신을 다시금 일으킬 수 있을 거라 여겼지. 그래서 서경에 대화궁을 짓게 하고 자주 행차하여 둘러보았어.

개경의 문벌 귀족들은 불안해졌어. 그들은 개경을 터전으로 2백여 년 동안 기반을 닦아 왔지. 그것이 한순간에 날아갈지도 모른다고 생각하자, 서경 천도를 강경하게 반대했어.

"묘청을 따르는 정지상과 백수한의 무리는 허튼 소리로 민심을 홀리고 있습니다. 심지어 대신들도 그 말에 넘어가 임금까지 현혹하고 있으므로 장차 헤아릴 수 없는 환란이 닥칠 게 뻔합니다. 묘청 등을 만인이 보는 앞에서 처단하여 화근을 없애소서."

문벌 귀족들은 왕이 서경에 자주 행차하는 것도 반대했어. 왕의 입장이 난처해졌지. 상황이 점점 어려워지자 묘청과 뜻을 같이 하는 사람들은 왕을 서경으로 납치해서라도 뜻을 이루려고 했어.

1135년, 묘청이 왕궁을 드나든 지 7년째 되던 해였어. 묘청과 그를 따르는 서경 출신들은 서경에 둥지를 틀고 반란을 일으켜 나라를 세우고 이름을 대위국이라 했어. 개경에서는 김부식을 총사령관으로 하는 토벌군이 조직되었지. 개경에 남아 있던 정지상, 백수한 등의 묘청 일파가 그보다 앞서 죽임을 당했어. 조광이라는 자가 묘청을 죽이고 항복하였지만 서경 사람들은 1년이 넘도록 저항했어. 그들의 기세가 얼마나 완강했던지 김부식은 1만의 군사를 동원하고서도 쉽사리 꺾지 못했어.

묘청이 남긴 것

묘청의 서경 천도 운동은 두 갈래 사상의 충돌이라고도 볼 수 있어. 바로 자주적 전통사상과 사대적 유교 정치사상이야. 스스로 주인이 되어 풍파를 이겨 가는 것이 좋을지, 큰 나라에 기대어 살아 가는 것이 좋을지에 대한 생각 차이지. 그런 싸움 속에서 고려 귀족 사회가 갖고 있는 문제점들이 밖으로 드러난 거야.

하지만 북쪽으로 진격해야 한다는 북벌론과 서경 세력이 힘을 잃자, 개경을 바탕으로 한 문벌 귀족은 더욱 보수적으로 변해갔지.

● 신채호가 본 묘청

일제 강점기에 활동했던 역사가 신채호는 묘청을 높이 평가했어. 그는 《조선사연구초》에서 서경 천도 운동이 성공했으면 조선사가 독립적·진취적으로 발전했을 것이라고 전망했어.

"서경 천도 운동에 대해서 역대의 사가들은 다만 김부식이 반란한 도둑 묘청을 친 싸움으로 알고 있다. 하지만 실제는 이 싸움이 낭가와 불가 대 유가의 싸움이며, 국풍파 대 한학파의 싸움이며, 독립당 대 사대당의 싸움이며, 진취 사상 대 보수 사상의 싸움이니, 묘청은 곧 전자의 대표요, 김부식은 후자의 대표다. 이 싸움에서 묘청 등이 패하고 김부식이 승리하였으므로 조선의 역사가 사대적·보수적·속박적 사상, 즉 유교 사상에 정복되고 말았다. 만일 이와 반대로 김부식이 패하고 묘청 등이 승리하였더라면 조선사가 독립적·진취적 방면으로 진전하였을 것이니, 이 싸움을 어찌 '일천년래제일대사건(一千年來第一大事件)'이라 하지 아니하랴."

묘청 세력이 사대주의에 찌든 고려의 정치를 들어엎어 완전히 바꾸려 했다는 점에서 신채호는 묘청을 획기적인 인물로 평가한 거야.

고려 시대의 고분 벽화들

고려가 고구려를 계승했다고 들었지? 고분 벽화를 만드는 고구려의 전통은 고려에 와서 사라져버린 걸까? 그렇지는 않아. 고분 벽화는 고구려처럼 웅장하거나 많지는 않아도 고려에서도 꾸준히 이어지고 있었어.

개성에는 공민왕릉이 있어. 원나라에서 벗어나 자주국을 만들려 했었던 비운의 왕이지. 왕비인 노국공주와 애틋한 사랑을 나누었던 왕으로도 유명해. 왕릉은 왕비의 것과 나란히 누운 쌍릉인데, 규모가 동서 40미터, 남북 약 24미터야. 무덤 안은 돌로 된 무덤 방을 만들고 동·서·북쪽의 세 벽면에다 열두 띠를 상징하는 신상들을 그렸어. 그리고 위쪽에다 북두칠성을 그린 뚜껑돌을 덮었지. 널방을 만든 것이나, 별자리를 그린 것은 고구려의 흔적이야.

파주 서곡리에서도 고분 벽화가 발견되었어. 무덤 안에는 관복을 입고 홀을 쥔 사람들이 그려져 있어. 북쪽에 그려진 사람은 아마도 이 무덤에 묻힌 주인공이거나 열두 띠 신들 가운데 하나일 거야. 바닥을 회칠하지 않고 그냥 맨 돌 위에다 물감을 찍어 그렸어. 선명한 입술, 옷자락을 휘날리는 모습이 엊그제 그린 듯이 생생하지. 무덤 주인은 청주 한씨로 밝혀졌어.

거창 둔마리에 바위를 깎아 방을 만든 무덤에도 벽화가 그려져 있지. 동쪽 무덤 방에는 남녀 천사가 장구를 치고 춤을 추는 모습이 있고 다른 벽에는 한손으로는 피리

공민 왕릉 벽화

를 불고 다른 손으로는 과일 접시를 받쳐 든 그림이 있어. 북쪽 벽에는 희미한 글씨가 있는데 아마도 잡귀를 몰아내는 주문으로 보여. 벽화를 그린 방법은 전형적인 고구려식, 프레스코(fresco) 기법이야. 벽면에 회칠을 한 뒤 마르기 전에 단숨에 그린 것이지. 이렇게 하면 회와 물감이 하나로 굳어져 색깔이 오래간다고 해.

경상북도 안동에 있는 서삼동 벽화 역시 고구려의 흔적을 물씬 풍기고 있지. 무덤 안에다 돌방을 만든 것이나 사면의 벽에다 청룡·백호·수작·현무 등 사신도를 그린 것이 그렇지. 게다가 사람의 형상을 그린 그림도 있어. 물론 천장에는 붉은 색으로 별자리가 그려진 뚜껑돌이 덮여 있지. 특이하게도 이 무덤에서는 동전이 무더기로 나왔는데, 아마도 이건 저승 가는 노자로 넣었을 거야. 도굴당하지 않았기 때문에 온전히 남은 거지.

무신들이 난을 일으키다

문신 중심의 고려 사회

과거는 능력 있는 인재를 고루 등용하기 위한 관문이었지. 그런데 고려 시대에 과거제에는 무과가 없었단다. 무예에 재능이 있는 사람이 과거로 등용될 수 있는 길은 아예 없었어.

묘청의 난을 제압한 김부식은 공신의 칭호를 받고 문하시중에 오르게 되었어. 그는 개경 문벌 중에서도 유력 가문이었지. 문벌 귀족은 모두 문신이었어.

고려 사회가 문신 위주라는 것은 군대의 지휘권을 보면 알 수 있어. 무신에게 가장 중요한 권리라고 할 수 있는 군대 최고 지휘권도 무신이 아닌 문신에게 있었지. 거란의 소배압이 쳐들어왔을 때 서북면 방어를 맡은 강감찬은 문신일까? 무신일까? 우리가 흔히 강감찬 장군이라 부르니까 무신일 것 같지만 강감찬은 문신이야. 무과가 아니고 문과에 합격하여 벼슬을 시작한 사람이지. 묘청이 서경에서 근거지를 차렸을 때 개경에서 출정한 토벌군 사령관 역시 문신인 김부식이었어. 고려 사회에서 군대를 지휘하고, 지방에 벼슬아치로 나가 다스리는 사람은 모두가 문신이었거든. 무신은 칼을 차고 나라를 지키지만 그들을 부리는 이들은 문신이었지. 이러니 문신이 무신을 깔보는 건 흔한 일이었어. 무신들의 불만은 커질대로 커져서 마치 때를 기다리는 활화산 같았어. 왕위에 오른 의종이 이를 고쳐 보려 했지만 문신의 기세가 워낙 강했지.

무인들이 왕을 죽이고 정권을 틀어쥐다

1170년 여름, 마침내 사건이 터지고야 말았어. 의종이 신하들을 데리고 개경 교외 보현원으로 행차한 날이었지. 오문이라는 곳에서 잠시 가마를 멈추고 쉬게 되었어. 왕은 무신들에게 태견과 비슷한 수박희를 하라고 했어. 대장군 이소응이 뽑혀 나와 젊은 무인과 겨루다 힘이 달려 패했어. 그러자 문신 한뢰가 이소응의 뺨을 후려치며 호통을 쳤어.

"네놈이 이런 약골로 어찌 대장군 행세를 하느냐!"

이소응은 섬돌 아래로 굴러 떨어졌고 이 모습에 왕과 신하들이 손뼉을 치며 크게 웃었어. 무신들은 참을 수 없었지. 무신들 사이에 있던 정중부가 한뢰를 꾸짖었어.

"이놈 한뢰야, 이소응은 장군이거늘 어찌 그런 모욕을 주느냐."

정중부는 노여움으로 부르르 떨었어. 그는 20여 년 전에도 문신에게 이와 비슷한 모욕을 당한 적이 있었어. 궁중에서 악귀를 쫓는 행사가 열렸을 때 김돈중이 정중부의 턱밑에 촛불을 들이대어 수염을 태워버렸지. 풋내기 김돈중이 제 아버지 김부식의 권세를 믿고 안하무인으로 장난을 친 거야. 그때는 분노를 삭였지만 오늘은 참을 수 없었어. 나이가 한참이나 많은 이소응의 뺨을 후려친 것은 무신 모두를 능멸한 것이나 다름없었으니까.

이윽고 왕의 행차가 보현원에 닿았어. 거기서 하룻밤을 묵을 셈이었어. 밤이 되자 왕은 숙소로 들어가고, 문신들이 왕에게 문안을 드린 뒤 물러나왔어. 그때 문을 지키고 있던 이고와 이의방 등이 칼을 뽑았어. 그들은 정중부와 미리 작심한 상태였지. 무신들이 왕 주위에 있던 문신을 모조리 죽였어. 사건의 실마리를 만든 한뢰와 정중부의 원한을 샀던 김돈중은 바들바들 떨며 왕의 침소로 달려가 숨었어. 그러나 숨어봤자 독 안에 든 쥐였어. 김돈중은 무신이 휘두른 칼에 쓰러졌지.
 무신들은 곧장 궁궐로 쳐들어갔어. 그들은 문신들이 조직적으로 반항할 것을 염려해서 계엄을 선포하고 정권을 잡았지. 이런 사태를 몰고 온 왕도 책임을 면할 수

없었어. 의종은 왕위에서 쫓겨나 섬으로 유배되었어. 하지만 얼마 못가 정중부가 보낸 이의민의 손에 죽임을 당하고 말았지.

 이렇게 하여 이후 1백 년간 이어지는 무신의 시대가 열렸어. 무신들은 왕을 꼭두각시로 앉히고 실권을 행사하였어. 그러고는 저마다 사병을 길

청평사 보현원

러 권력 다툼을 하였지. 제일 처음 권력을 쥔 이의방은 정중부에게 죽음을 당했고, 정중부는 경대승에게 죽었으며, 이어 이의민을 거쳐 최충헌이 권력을 잡았어.

최씨 정권의 집권

최충헌이 권력을 가진 이후 4대에 걸쳐 62년 동안 최씨 집안이 쭉 고려를 통치하게 돼. 최충헌의 통치는 문벌 귀족에 비해 한 치도 나아진 것이 없었어. 오직 한 사람만을 위해 국가가 있는 것처럼 보였지. 최충헌은 재산을 불리고 정적을 처치하는 데만 골몰했어. 그래서 나라 살림을 늘리거나 백성의 형편을 돌보는 일은 안중에도 없었단다. 집권 초기에 개혁책을 제시하기도 했지만 그저 내보이기 위한 눈속임이었지.

최충헌은 그 앞의 무신들이 서로 정권을 나누었던 것과 달리 혼자서 권력을 독차지했어. 왕조차 마음에 들지 않으면 갈아 치우고 형제와도 권력 나누기를 꺼려서 개경 시내 한복판에서 아우와 골육상쟁을 벌이기도 했어.

최충헌이 이런 독재를 할 수 있었던 것은 앞선 무신 집권자들보다 훨씬 강력하게 무력을 틀어쥐었기 때문이야. 교정도감과 도방은 최충헌 권력의 핵심이야. 교정도감은 최고 기구였고, 도방은 사병을 통솔하여 정권을 유지하는 기관이었지. 그는 권력을 유지하기 위해 많은 사병을 거느렸어. 사병을 통솔하는 도방을 6개로 나누어 24시간 경호하도록 했지. 이렇게 하기 위해서는 막대한 돈이 필요했어. 그 돈은 어디서 나왔을까? 다 남의 땅과 노비를 손에 넣어 만들었지.

그는 교정도감을 자기 집 안에 설치하고 국정을 총괄했어. 교정도감은 관리의 인사를 도맡는 기구야. 왕은 허수아비일 뿐, 실권은 다 교정도감에서 나왔지. 세금을 책정하고 관리를 배치하거나 잘못된 일을 감찰하는 중요한 일을 모조리 교정도감에서 했어. 인물을 뽑을 때는 자기에게 충성하는 사람을 뽑느라 강직하고 공정한 사람은 외면했지. 그래서 그의 주위에는 인척과 문객과 굽실거리는 측근들로 득실댔어. 그 속에서 깨끗한 정치를 기대하기는 처음부터 어려웠지.

"뭐라? 누굴 데려갔다고?"

김준은 화가 나서 부르르 떨었어요. 무신 정권의 최고 권력자 최의 때문이었어요. 궁에 행차를 하는데 자신을 데려가지 않은 것은 둘째치고서라도 통보조차 없었지요. 요즘 들어 최의는 김준이 아닌 최양백과 유능만 믿고 의지하려 하였어요.

"자기를 그 자리에 앉힌 사람이 누군데, 이제 와서 나를 따돌려?"

김준은 참을 수 없었어요. 나는 새도 떨어뜨린다는 최씨 댁에서 4대째 살아오며 이런 대우는 처음이었어요. 김준은 아비 때부터 최충헌 댁 가노로 살아오며 총애를 받았어요.

김준은 처음 주인이었던 최충헌과 그 아들 최우가 그리웠어요.

'그때가 좋았지. 최우 나리가 계실 때가…….'

김준은 최우의 신발을 가지런히 놓아주고 햇빛에 눈이 부실라 일산을 받쳐 주던 때가 눈에 아른거렸어요. 주인 별감의 손이 되고 발이 되면서 총애를 입을 기회를 얻었지요. 그래서 벼슬을 원하는 이들이 별감 나리를 만나기 전에 김준을 찾았어요. 주인의 신임을 받는 심복이라는 것을 알기 때문이에요.

김준은 노비 출신이면서도 주인의 총애 덕분에 전전승지라는 벼슬에 올랐어요. 그는 벼슬에 나가서도 왕이 아닌 주인 별감에게 충성을 했고, 온갖 소식을 물어와서 주인의 눈이 되고 귀가 되어 주었지요. 그런 충성심 때문에 최우, 최항을 거치면서도 영달할 수 있었지요.

그러나 지금의 주인 최의는 달랐어요. 최의는 선대 별감들과는 달리 김준을 대수롭지 않게 대했어요. 김준은 유능에게 밀렸다는 생각이 들어 기분이 나빴지요.

그래서 김준은 추밀원사 최온과 박성재를 따로 불러 만났어요. 최온은 최씨 무신 3대 권력자 최항의 장인이었고 박성재는 최항의 문객이었지요. 최씨 문객은 모두 김준의 손아귀에 있는 거나 다름없었어요,

"나를 도와주시게나. 우리가 힘을 모아 최의를 자리에 앉혔지만 너무 어려 세상 물정을 몰라요."

최온과 박성재는 김준을 돕기로 하였어요. 최우의 대를 이어 최항을 내세울 때부터 김준의 활약을 보아 알고 있었거든요. 그 때 상장군 주숙이 최씨 정권을 끝장내려던 것을 김준이 다른 가노들을 데리고 무력으로 대응하였던 덕분에 최항이 최씨 3대 권력자가 될 수 있었던 거였어요.

"기생 아들에 서자인 최항을 밀어준 것도 모두 김승지 덕이 아니오. 김승지가 아니라면 아닌게지. 내 무조건 따르리다. 하지만 이번은 쉽지 않소. 최양배와 유능이 떡 버티고 있으니 말이오."

최온과 박성재는 김준을 승지라 불러주었어요. 김준은 싫지 않았어요.

"사람은 모름지기 은혜를 알아야 하는 것이오. 충성을 다하면 그걸 알고 등을 두드려 주어야지. 최우 어른은 그걸 참 잘 하셨는데 최의 별감은 도대체 뭘

모른단 말씀이야."

 김준은 야별초와 신의군, 그리고 도방의 군대에도 손을 썼어요. 야별초와 신의군은 명색이 나라의 군대라지만 실제는 모두 최씨 집의 사병이었지요. 성격이 호방한 김준은 평소에 돈을 뿌려 문객과 사병을 모조리 제 편으로 만들어 두었어요.

 '내가 돌아서면 최의는 혼자라는 걸 알게 되겠지.'

 한번 금이 간 그릇은 다시 붙일 수 없다는 것을 김준은 알고 있었어요. 그래서 결단을 내렸지요. 김준은 이공주·김승준·김대재 같은 최씨 가의 오랜 충복들과도 손을 잡았어요. 임연과도 뜻을 같이 했지요. 일은 일사천리로 진행되었어요.

 김준은 최씨 가의 상전들을 생각해 보았어요. 최항은 기생의 아들이었고 최의는 노비의 아들이었지요. 그러고 보니, 자기가 최고 권력자가 되지 말란 법이 없었지요.

 김준은 주인의 자리를 빼앗기로 마음먹었어요. 그래서 유경과 함께 군사를 일으켜 최의를 죽였어요. 그리하여 최씨 정권은 막을 내렸지요.

 김준은 뒤이어 유경을 죽이고 스스로 교정별감이 되었어요. 그는 왕에게 권력을 돌려 주는 모양새를 차렸지만 군사권만은 내놓지 않았어요. 하지만 그도 10년 뒤 동료인 임연에게 죽임을 당하고 말지요. 임연이 제거된 뒤에야 무신 시대는 끝이 나고 권력이 온전히 왕에게 돌아가게 되었어요.

● 왜 무신들은 직접 왕이 되지 않았을까?

이의민이나 최충헌은 왕을 죽이거나 갈아 치울 정도로 실권을 장악하고 있었어. 하지만 직접 왕이 되겠다고 나서지는 않았지. 무신들은 마음만 먹는다면 충분히 왕이 될 수 있었어. 그들 손아귀에는 강력한 사병들이 있었으니까.

그럼에도 불구하고 무신들이 왕이 되려고 하지 않았던 데는 몇 가지 이유가 있어. 우선 고려 왕조를 뒤엎고 새로 왕으로 나설 정통성이 없었지. 왕이 되려면 군대의 힘만이 아니라 민심의 지지가 절대적으로 필요하거든. 또 무신정권의 집권자들은 위험보다는 실리를 더 중요시했어. 문벌들이 아직도 남아 있는 상황에서는 왕이 되더라도 자신들에게 대항하는 반란이 일어나기 쉬웠거든. 꼭두각시 왕 뒤에서 실권을 틀어쥐고 있는 편이 훨씬 실속 있는 일이었지.

만적이 난을 일으키다

고려 사회는 엄격한 신분 사회였어. 귀족이 상층 계급을 이루고 있었지만, 인구의 대부분은 양인이라고 불리는 평민과 천인으로 불리는 노비로 이루어져 있었어. 노비는 결혼하여 가족을 이루고 자기 재산을 가지기도 했지만, 온전한 사람으로 대접 받지 못했어. 평생토록 주인에게 매인 몸으로 일해야 했거든. 노비와 그들 자식은 물건처럼 사고 팔리며 대대로 종의 신분이 이어졌지.

만적은 최충헌의 사노비였어. 사노비란 관아에서 일하는 노비가 아니라 개인의 종이란 뜻이야. 그는 다른 노비들과 함께 주인에게 반기를 들었어. 공주 명학소에서 망이, 망소이가 떨쳐 일어선 지 20년 뒤, 1198년 5월의 일이었지.

이 시기는 정중부 이래 무신들이 일어나 왕까지 죽이던 때야. 만적은 마을 우물에서 물을 긷거나 산에서 땔나무를 구하면서 비슷한 처지의 다른 집 종들과 자주 만났어. 그러고는 평소에 쌓인 불만을 털어놓았지. 개경 송악산에서 나무할 때 만적이 말했어.

"무신들이 정권을 쥔 이래 고관대작이 우리 같은 천인들에게서 일어났다. 왕이나 정승이 본래 씨가 따로 있겠는가! 때만 만나면 누구나 될 수 있다. 우리라고 어찌 채찍 아래서 뼈 빠지게 일만 하다 죽을 수 있겠는가!"

거기에 모인 노비들은 맞장구를 치며 서로 동지가 된 것을 기념하여 종이에 정자(丁字)를 써서 나눠 가졌지. 이어서 거사 날짜를 정하고, 개경의 남대가 북쪽 관아 거리에 있는 흥국사에서 모이기로 약속했어.

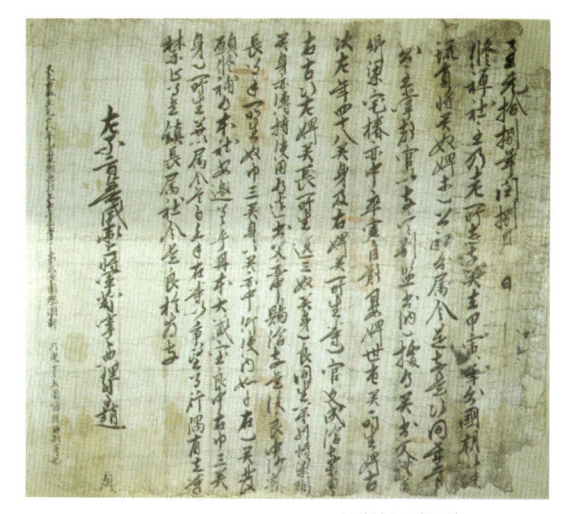

송광사 노비문서

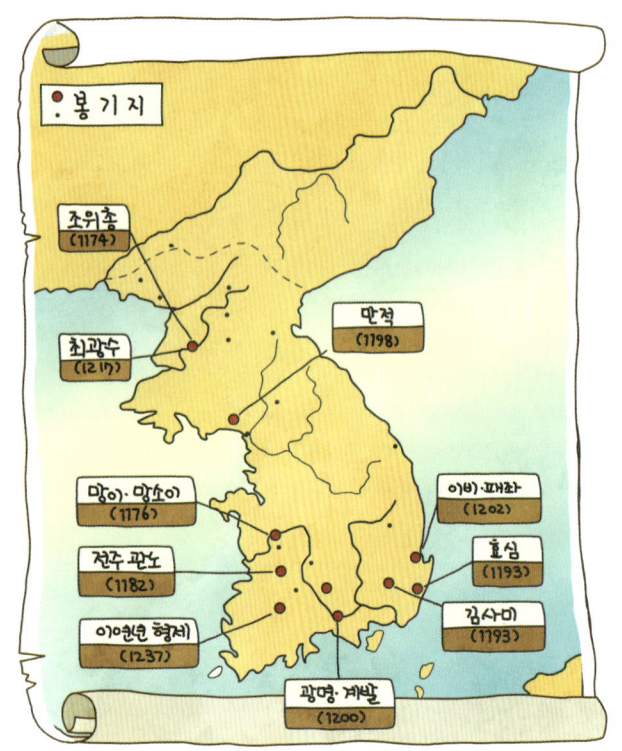
농민과 천민의 저항 운동

"그때 일제히 모여 북을 치고 고함을 지르자. 궁중이나 관청에서 일하는 관노들도 그 소리를 듣고 함께 일어날 것이다. 종 문서를 불태워 버리자! 다시는 이 나라에 천인이 없게끔 만들자!"

드디어 약속 날짜가 되었어. 하지만 모인 숫자는 수백 명에 지나지 않았지. 만적은 이 숫자로는 궁궐로 쳐들어갈 수 없다고 생각하고 거사를 다음으로 미루었지. 그러나 한충유의 종이었던 순정의 고자질로 들통이 났어. 최충헌은 만적 등 1백 여 명을 붙잡아 강물에 던져 죽였어. 이리하여 천민 만적의 봉기는 실패로 돌아갔지.

당시 최충헌은 왕도 갈아 치울 만큼 엄청난 권력자였어. 어떻게 그런 집 노비가 반란을 일으킬 생각을 하였을까? 만적은 신분에 따라 사람을 차별하는 사회를 뜯어고치려 했어. '한번 노비는 영원한 노비'로 붙박아 버리는 노비 문서를 불태우려 했어. 이 제도를 유지하고 있는 실권자 최충헌이 표적이 되었지. 또 무신 출신 최충헌이 왕까지 우습게 보는, 당시 하극상의 시대 분위기도 크게 작용했어.

만적의 거사는 과연 성공할 수 있었을까? 거사 장소에 모인 노비들의 숫자를 보면 사실 성공할 가능성은 많지 않아. 수만 명의 개경 중앙군을 대적하기는 쉽지 않지. 만적과 동료들은 종살이의 고통을 견디지 못한 나머지 승패를 떠나서 일어선 거야. 만적의 봉기는 천민 제도를 부정한 사건이야. 당시에는 농민과 천민의 저항 운동이 빈번했어. 지방에서 일어난 다른 봉기와 달리, 만적의 봉기는 개경 중심가에서 일어나 왕과 최충헌이라는 권력자를 들어 엎으려 했다는 점에서 다른 봉기와 확연히 구별되지.

고려의 무신은 기사나 사무라이와 어떻게 다를까?

고려의 무신, 유럽의 기사, 일본의 사무라이. 이 셋의 공통점은 모두 칼이나 무술로 밥을 먹고 산다는 점이야. 하지만 이들이 생겨난 사회 환경은 매우 달랐어.

고려의 무신은 신하로서 왕에게 봉사하는 관리였어. 왕과 대등한 관계에 있는 게 아니고, 왕으로부터 일방적으로 임명되는 종속 관계였지. 왕이 명하면 무신은 근무지를 옮겼고, 해임하면 밥을 굶을 수밖에 없었어. 무신 정권은 실권은 자기네들이 쥐었지만 왕의 지위는 부정하지 못했단다.

이에 비해 기사나 사무라이는 왕이 아니라 자기에게 봉토를 주는 영주에게 충성하는 무사였어. 이런 제도를 '봉건제'라고 해. 기사는 받은 땅과 함께 농민을 관리했어. 대신 전쟁이 나면 제 돈으로 무장을 갖추고 영주에게 달려가 그를 위해 싸웠어. 그러나 전쟁이 없을 때엔 자기 땅으로 돌아가 농민을 부리며 한가로이 지냈어. 사무라이 역시 주군에게 정해진 연봉을 받는 대가로 싸울 의무를 졌지. 다른 점이 있다면, 유럽의 기사와 군주의 관계는 서로의 권리와 의무가 강조된 계약 관계였어. 사무라이는 주군에 대한 충성심도 중요한 덕목으로 강조되었지.

　즉, 무신이 왕에게 권력이 집중된 국가의 관리 가운데 하나라면, 기사와 사무라이는 봉건제 아래 영주로부터 땅을 받는 대가로 충성을 바치는 전문적 싸움꾼이라는 차이가 있어. 그래서 무신들에게는 나라를 지키는 것이 가장 중요한 일이었다면, 기사와 사무라이에게는 개인적인 용맹을 드러내고 명예를 지키는 것이 중요했지.

과거에서 온 편지

무신들의 세상!

고려는 문벌 귀족의 나라였어. 묘청이 도읍을 개경에서 서경으로 바꾸려 했지만 개경파를 이기지 못했어. 문벌 귀족들의 권세는 영원할 것 같았어.

그런데 문신들에게 무시당하던 무신들이 난을 일으켰어. 무신들은 문신들을 죽이고 권력을 잡았지.

무신들이 권력을 가진 후 백성들이 좀더 살기가 편해졌을까? 글쎄, 그렇지는 않은 것 같아. 무신들도 자기들 잇속 챙기기에 바빠 백성들은 뒷전이거든.

05

몽골의 간섭과 사회 변화

북쪽의 유목민이던 거란과 여진은
몇 번이나 고려를 침입했지만 고려는 외침을 잘 막아 냈어.
하지만 몽골이 침입했을 때는
40년에 걸친 항전 끝에 결국 항복하고 말았지.
이후 몽골은 고려를 시시콜콜 간섭하면서
고려 문화에 많은 영향을 끼쳤어.
고려는 어떻게 달라졌을까?

| 주요 사항 | 시대 |

칭기스 칸, 몽골 통일 1206년

영국, 대헌장 제정 1215년

몽골과 통교 1219년

몽골의 제1차 침입 1231년

강화로 도읍을 옮김 1232년

금속 활자로 상정고금예문 간행 1234년

고려 대장경 새김 1236~1251년

개경으로 환도, 삼별초의 대몽 항쟁 1270년

원 제국 성립 1271년

남송 멸망 1279년

개경의 국자감에 유교 성현의 사당을 세움 1304년

충선왕이 물러나 만권당을 세움 1314년

홍건적의 침입 1359~1361년

고려

가 보자, 여기
강화도 고려궁 터

몽골이 쳐들어오자, 끝까지 항전하기로 한 고려 조정은
도읍을 개경에서 강화로 옮겼어.
이곳에 궁궐을 짓고 39년 동안 몽골과 싸웠지만,
결국은 몽골의 사위 나라가 되고 말았지.
몽골과 강화를 맺은 이후 개경으로 왕이 돌아가면서
궁궐과 성을 헐어버려서 지금은 그 터만 남아 있어.

몽골이 쳐들어오다

몽골이 일어나다

여진이 세운 금나라는 송나라를 밀어내고 120년 동안 번성하였어. 하지만 13세기에 접어들면서 중국의 정세는 크게 달라졌어. 초원에서 칭기즈

칸이 일어나 몽골 제국을 세우고 중원으로 밀고 들어갔거든. 몽골 민족이 세운 원나라는 그 세력이 중국뿐 아니라 중앙아시아와 유럽에까지 미칠 정도로 큰 제국이 되었어.

1231년 몽골이 압록강을 넘어 고려로 쳐들어왔어. 6년 전 몽골 사신이 고려에 왔다가 압록강 가에서 죽은 일이 있었는데, 그 책임을 묻겠다는 거였지. 몽골군 사령관 살리타는 귀주에서 박서가 이끄는 고려군의 저항을 받으면서도 이내 개경 서북쪽 여러 성을 손에 넣고 개경에 이르렀어. 살리타는 개경을 포위하면서 지방에서 올라오는 고려의 지원군을 막기 위해 일부 군사를 남쪽으로 보냈지.

ⓒ이용한

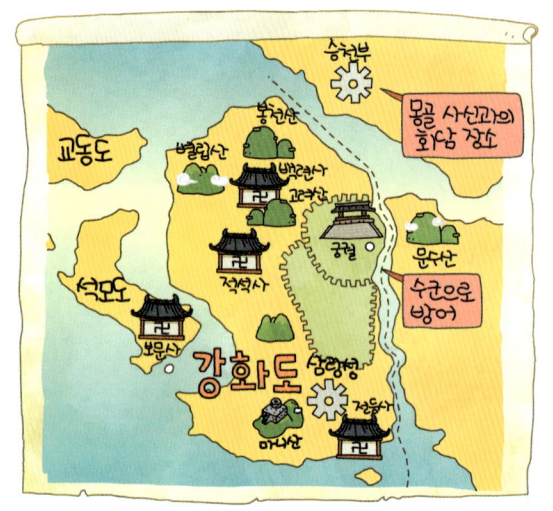
대몽항쟁기 강화지도

고려 정부는 곤경에 빠졌어. 개경 북쪽에서 전쟁을 치르고 있던 고려군이 몽골군에게 전멸당하고 말았거든. 고려 조정은 휴전을 제의했어. 몽골은 까다로운 휴전 조건을 내걸었어. 그리고 군대를 철수하면서 개경과 서북면의 여러 성에다 다루가치를 72명이나 남겨 놓았지. 다루가치는 고려가 휴전 조건을 잘 이행하는지 감시하는 몽골의 관리였단다.

최우가 수도를 옮기고 항전을 내세우다

몽골은 고려에게 가혹한 조건을 요구했어. 몽골을 섬기고 공물을 바치라는 거였지. 요구한 공물 중에는 고려의 처녀, 총각까지 있었어. 몽골은 다루가치를 개경까지 파견해서 고려 정사를 일일이 간섭하려 했단다. 고려의 군신들은 굴욕스러운 휴전 조건을 따르지 않았어. 그러자 몽골군은 다시 쳐들어올 기세를 보였지. 당시 무신 정권의 집권자였던 최우는 자기 집에 대신들을 불러 모아 개경을 떠나 도읍을 옮기고 몽골과 맞서 싸우겠다고 했어. 새로운 수도로는 강화도가 선택되었어. 초원에서 온 몽골군이 해전에는 약할 것이라고 판단했기 때문이야.

그러나 한 나라의 수도를 옮기는 것은 간단한 일이 아니야. 태조 왕건이 개경을 도읍으로 정한 이래로 수도를 옮긴 적은 없었어.

임금인 고종도 수도를 옮기는 일에 선뜻 따를 수 없었어. 김세충과 유승단을 비롯한 일부 대신들도 반대했지. 하지만 최우는 뜻을 굽히지 않았어.

최우는 김세충의 목을 베어 자신의 뜻이 확고하다는 것을 보였어. 그러고는 관리들에게 이삿짐을 싸서 20일 안으로 개경을 비우라고 명령했지.

최우는 왜 강화로 도읍을 옮기겠다고 한 걸까? 개경은 세 겹의 성벽을 가진 견고한 도성이지만 그 성을 지키기 위해서는 사람이 필요해. 무신정권은 민심을 얻지 못했기 때문에 반란이 일어날 우려가 언제나 있었어. 실제로 강화로 옮겨간 직후 지방 백성들이 반란을 일으켰지. 최우는 모든 것이 불안했어. 몽골군을 대적하기 전에 내부의 반발부터 단속해야 했던 거야. 그래서 반란의 우려가 없는 섬 강화도를 선택했어. 최우는 강화도로 도읍을 옮기면 반란도 막고 몽골도 막을 수 있을 거라고 생각한 거지. 결국 강화 천도는 무신 정권의 연장을 위한 수단이었어.

최우가 김세충을 벤 뒤 강화 천도를 반대하는 목소리는 눈치를 보며 사라졌어. 천도를 결정한 날로부터 20일이 지나 왕이 강화도에 도착했어. 또 태조 왕건의 무덤도 강화로 옮겼지. 몽골군에게 태조의 무덤을 짓밟히게 하지 않겠다는 뜻이자, 강화를 임시 도읍으로 확실하게 선포한 것이었어.

몽골의 최대 영토

승려와 노비들이 몽골에 대항하다

몽골은 고려를 굴복시키려고 대대적인 공세를 펼쳤어. 그들은 경상도 대구까지 내려가 대장경을 불태우고 곳곳에서 약탈을 저질렀지. 그러나 마냥 승승장구하지는 못했어. 승려와 노비로 이루어진 고려의 비정규군이 곳곳에서 몽골군을 공격했거든. 승려 김윤후가 이끄는 부대는 경기도 처인성에서 몽골군 총사령관 살리타를 거꾸러뜨렸지. 그는 노비 문서를 불태우고 노비들의 힘을 모아 몽골군의 남하를 막아냈지. 그 뒤 김윤후는 충주를 지키는 방호별감이 되어 노비로 이뤄진 의용군을 이끌기도 했어. 덕분에 최고 곡창 지대인 전라도와 경상도가 온전할 수 있었지.

다시 말하면 몽골이 쳐들어 왔을 때 맞서 싸운 이들은 고려 정규군이 아니었어. 최우의 사병들은 그의 신변을 보호하는 데만 치중했고 군대와 관리들 역시 몽골과 싸우기는커녕 곡물을 거두고, 노동력을 거두어 갔어. 새 도읍인 강화에 새로 궁궐을 짓기 위해서는 나무를 베어내고 물자를 옮기는 노동력이 필요했거든. 개경 방위를 맡았던 부대가 공병이 되어 집을 짓고 길을 닦았어. 그래도 일할 사람이 부족하자 경기 일대의 백성을 강제로 동원했지. 백성들은 산으로 도망하거나 반란군이 되었어. 몽골군이 쳐 들어와 농사를 제대로 지을 수 없는데 세금까지 거두고 인력을 징발해가니 백성들의 삶은 절망적이었지.

그러던 중 1234년 금나라가 몽골군에 무너졌어. 금나라 수도였던 중도는 한 달간 불길에 싸여 잿더미가 되었다고 해. 몽골은 이참에 고려도 완전히 굴복시키려고 했지. 지난 번 살리타가 죽어 실패한 충청도를 기어코 손에 넣고, 전라도에 첫 발을 들였어. 얼마 뒤 경상도로 진군한 몽골군은 신라의 황룡사탑을 불태우기까지 했어. 전국은 피와 재로 쑥대밭이 되고

● 강화로 도읍을 옮길 때 백성이 진 고통

　강화에 새 수도를 건설하는 데는 막대한 돈과 노동력이 들었어. 본토에서 쉴새없이 물자와 사람들이 동원되어서 강화에 새 궁궐과 성벽을 쌓았지. 《고려사》는 그 때 일을 이렇게 적었어.
　"최우가 제 집을 새로 지으면서 도방과 4천 명의 군사들을 부려, 옛 서울에서 재목을 날라왔고 또 소나무와 잣나무를 가져와 뒤뜰에 옮겨 심었다. 이런 물자를 모두 배로 실어 오느라고 물에 빠져 죽은 사람이 많았다. 최우는 서산에다 백성을 동원하여 자기가 쓸 얼음을 저장하였으므로 백성들이 심히 괴로워하였다. 또 안양산은 강화로부터 2~3일 걸리는 곳에 떨어져 있었는데 최이는 자기의 문객 등을 시켜서 그 산에서 잣나무를 캐다가 제 집 뒤뜰에다 옮겨 심었다. 때는 엄동설한이라 일꾼 중에서 얼어 죽는 사람이 생겼으며, 길가 고을의 백성들이 집을 버리고 산으로 도망했다. 어떤 사람이 궁성의 남쪽 문에다 글을 써 붙이고 '사람과 잣나무 중 어느 것이 더 중요한가'를 물었다."

말았어.
　금나라가 망한 지 45년 만에 몽골은 황허 남쪽에 있던 남송마저 항복시켰어. 그 뿐이 아니라 유럽으로 쳐들어가 모스크바와 바그다드까지 손에 넣고 유럽과 아시아에 걸친 대제국을 건설했지. 유럽과 중동의 수많은 도시들이 지도에서 사라지는 처참한 싸움 뒤였어.

　몽골은 1231년 고려에 쳐들어왔어요. 자기네 사신을 죽인 책임을 묻겠다는 구실이었어요. 이때가 첫 침입이었지요. 그들은 대쪽을 쪼개듯이 고려의 방어진을 무너뜨렸어요. 하지만 자주성에서 뜻밖의 강력한 저항을 받았어요.

"침략자는 멋대로 지나갈 수 없다! 먼저 우리를 무너뜨려라."

자주성 부사 최준명은 성을 굳게 지키고 항전했어요. 그는 구제학당을 세운 문벌 귀족 최충의 후손이라는 것을 자랑스럽게 여기며, 그 할아버지가 잠든 땅을 죽음으로 지키겠다고 작정했지요. 몽골 군대는 거센 공격을 퍼부었지만 성을 손에 넣을 수가 없었어요. 그들은 포기하고 발길을 돌렸다가, 귀주성에서 다시 발목이 잡혔지요. 그 성을 지키는 장수는 박서였어요. 박서는 한달 남짓 성을 포위하고 을러대는 몽골군의 공격을 끄떡없이 견뎠어요.

몽골군은 자주성과 귀주성을 포기하고 그대로 남하하여 개경에 들이쳤어요. 놀란 무신 정권은 평화 협상을 추진하면서, 협상의 걸림돌이 될까 봐 최준명과 박서에게 항복하도록 권했지요. 하지만 두 사람은 단호히 버텼어요.

"우리는 왕명이 아닌 한 복종할 수가 없다."

그러자 무신들은 상을 주기는커녕 오히려 두 사람을 죽이려고 했지요. 이런 항전이 있었으므로 몽골이 고려를 만만하게 볼 수 없었는데도 말이지요. 결국 몽골은 고려로부터 막대한 예물을 받는 조건으로 돌아갔어요. 하지만 다루가치라는 몽골의 감독관을 남겨 두고 고려의 나랏일에 이래라저래라 간섭했지요.

참다 못한 고려 정부는 몽골과 싸우기로 작정하고 강화로 수도를 옮겼어요. 그러자 몽골 군대가 다시 쳐들어왔어요.

침략군의 대장은 지난 번에 쳐들어온 적이 있는 살리타였지요. 그는 임금과 고려군이 떠나고 없는 개경과 본토를 마구 짓밟았어요. 시가지가 불에 타고 문화재가 잿더미가 되었어요. 여자와 아이들의 울부짖는 소리가 하늘에 사무쳤지요. 백성들은 자기네를 지켜주지 않는 왕과 무신들을 원망하며 절망에 빠졌어요.

살리타는 한강을 건너 남쪽으로 향했어요. 몽골군이 온다는 소문이 퍼지자 경기도 처인성에서는 사람들이 피난할 준비로 허둥거렸어요. 그때 말발굽 소리가 들렸어요. 사람들이 돌아보니, 칼과 활을 든 중들이었어요. 그들 가운데 한 사람이 말했지요.

"이 근방 백현원이라는 절에서 왔습니다. 내 이름은 김윤후라 합니다. 몽골에 맞서 싸웁시다!"

하지만 사람들은 고개를 저었어요. 무기도 시원찮고, 적을 무찌르는 훈련도 받은 적 없는데 어떻게 싸울 엄두를 내겠어요. 그러자 김윤후가 말했어요.

"여러분! 도망한다고 살 것 같습니까? 아내와 어린 아이들이 온전할 것 같아요? 싸우지 않으면 우리 자식들이 죽고 마을은 잿더미가 될 거요. 당하고 말거요, 아니면 나와 함께 싸울 것이오?"

사람들이 외쳤어요.

"싸웁시다!"

얼마 뒤 몽골군이 왔어요. 김윤후는 어떻게 싸울까 작전을 짰어요. 적은 바람처럼 빠른 기병이라 맞닥뜨려 싸우면 이쪽이 위태로웠어요. 이기려면 적장을 먼저 쓰러뜨려야 했어요. 김윤후는 활을 쏘는 궁수들을 숨겨 두고 그리로 적을 끌어들이기로 했어요.

몽골군 사령관 살리타는 처인성에서 무슨 일이 있으리라고는 꿈에도 몰랐어요. 흙성은 나지막해서 성이라 하기에도 우스운데다 앞을 막아선 것은 정규군도 아닌 승병이었으니 무서울 것도 없었지요. 그는 오합지졸쯤이야 단숨에 제압해 버리겠다고 달려들었어요.

그때 화살 한 대가 바람을 갈랐어요. 그 화살이 살리타의 갑옷을 꿰뚫고 몸에 깊숙이 박혔지요. 살리타는 말에서 떨어졌어요. 함성이 터졌지요.

"살리타가 고꾸라졌다!"
사령관을 잃은 몽골 군대는 오던 길로 황급히 되돌아갔어요.

한동안 평화가 왔으나, 2년 뒤 다시 몽골이 쳐들어왔어요.
"고려 왕은 강화에서 나와 무릎을 꿇으라."
몽골군은 계속 남하하여 충주에 이르렀어요. 그 때 충주 산성에는 김윤후가 산성 방호 별감으로 있었어요. 싸움에 앞서 그가 관아의 노비들을 불러 말했어요.

"우리는 지난 번에 힘을 합쳐 몽골 도둑 떼를 물리쳤소. 우리가 죽기를 무릅쓴다면 이길 것이고, 죽기를 두려워한다면 이 땅은 망나니 떼에게 넘어가고 말거요. 자, 이제부터 노비는 없소. 몽골과 싸우는 고려인만 있을 뿐이오."

김윤후는 노비 문서를 흔들더니 불 타는 장작더미에 던졌어요.

충주성 사람들은 노비와 평민이 하나 되어 몽골군에 맞서 싸웠지요. 지배층이 모두 강화로 떠나고 없는 본토에서 일반 백성과 노비 그리고 스님들이 목숨을 걸고 지켜내었지요.

몽골과 평화 협정을 맺다

칭기즈칸의 손자 쿠빌라이는 황하 남쪽 남송과 고려를 멸망시키고자 했어. 쿠빌라이의 야망은, 동쪽으로 일본을 손에 넣고 서쪽으로 모스크바와 바그다드에 이르는 대제국을 건설하는 것이었거든. 그러기 위해 먼저 고려를 항복시켜야 했지. 고려는 크지 않은 나라인데도 선왕들이 삼키지 못한 골치 아픈 땅이었어. 쿠빌라이는 조건을 누그려서라도 고려를 굴복시켜야겠다고 생각했지.

강화로 수도를 옮긴 최씨 정권은 피난처에서도 사치스러운 생활을 계속 했어. 가혹하게 세금을 걷고 나라를 돌보지 않아 인심을 잃었지. 그 때문에 최우의 아들들이 정권을 물려받은 지 십년 만에 최씨 정권은 끝장났어. 왕과 문신들은 몽골이 철수하는 대가로 강화를 맺기로 했지. 몽골은 고려 국왕이 쿠빌라이의 황궁으로 문안하러 오는 동시에 고려 태자를 인질로 보내고, 개경으로 환도할 것을 요구했어. 실권을 쥔 무신들은 개경 환도를 극구 반대했지만 몽골은 고려 국왕 대신 태자가 인사를 오는 것으로 조건을 누그려 뜨려 강화를 맺자는 측에게 힘을 실어 주었어.

1261년 왕과 문신이 주도하는 가운데 몽골과의 평화 협정이 이뤄졌어. 얼마 뒤 무신 정권의 마지막 집권자 임유무가 죽음으로써 고려 왕정이 되살아났지. 1270년 왕은 강화로 옮겨간 지 38년 만에 개경으로 돌아왔어. 강화에 쌓았던 성곽과 궁궐은 몽골의 요구로 모두 허물었어.

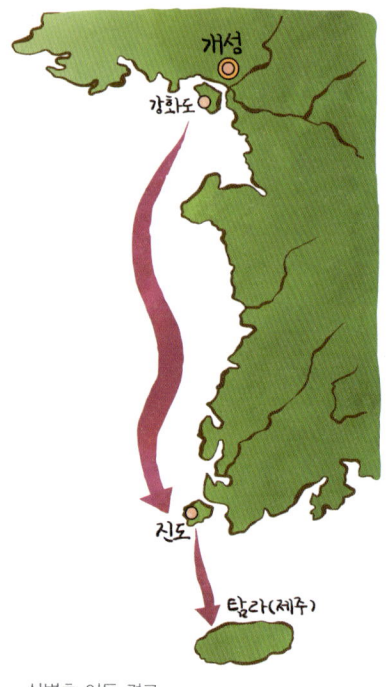

강화산성

삼별초 이동 경로

진도 남도석성

삼별초의 항쟁

그러나 고려의 모든 저항이 끝난 것은 아니었어. 몽골과 평화 협정을 맺고 개경으로 돌아간 것을 굴욕이라 여긴 이들이 있었거든. 바로 삼별초야. 무신정권의 군사 기반이었던 좌별초와 우별초, 그리고 신의군을 일컬어 삼별초라 하지. 삼별초는 몽골에 항복한 왕, 원종을 거부하고 진도로 내려가 새 나라를 세우기로 했어. 당시 삼별초의 지휘관은 배중손이었어. 이들이 진도로 내려갈 때 동원된 배만 1000척이 넘었다고 해. 삼별초는 전라도와 제주도 여러 고을을 장악하며 세력을 키웠어. 하지만 1년이 못 가 삼별초는 고려와 몽골의 연합군에게 함락되고 말았어. 3년간에 걸친 삼별초의 대몽항쟁이 끝이 난거야. 삼별초의 항쟁은 고려인의 끈질긴 자주 정신을 보여준 것이기도 해.

몽골이 고려를 간섭하다

고려의 시련

삼별초의 항쟁이 진압되자 이후 80여 년간 몽골의 간섭이 시작되었어. 쿠빌라이는 당 태종조차 삼키지 못했던 고려를 자기 손에 넣은 것을 감격스러워 했지. 어떻게 해서든지 고려가 반란을 일으키지 못하게 하기 위해 여러 정책을 추진했어.

그래서 고려왕과 원나라 공주를 혼인시키고 왕자가 태어나면 원나라에 머물러 교육을 받게 했어. 고려는 원나라의 사위의 나라가 되었지. 이렇게 하면 고려왕은 옷차림과 말투와 사고 방식까지 모두 원나라 사람이 되어 딴 마음을 품기 어렵겠지?

또 고려가 예로부터 황제에 준한 격식을 써오던 것을 모두 낮추게 했어. 고려왕은 원의 황제가 쓰는 말을 쓸 수 없었어. 왕이 자신을 칭할 때 '짐'이라 하던 것을 '고'로 바꾸고, '폐하'라는 말 대신 '전하'로 쓰게 했지. '태자'는 '세자'로 낮춰 부르고 왕이 죽은 뒤에는 '-조', '-종'이라 하지 못하고 '-왕'이라 했어. 특히 왕의 이름에 모두 충자를 넣게 했는데 그것은 몽골에 충성을 다짐하는 뜻이었어. 충렬왕·충선왕·충숙왕·충혜왕·충목왕 등의 이름이 다 그렇게 생겨난 거란다.

몽골은 고려에 군대를 주둔시키고 다루가치라는 행정관을 두어 내정을 감시했어. 또 고려의 영토 북쪽에다 동녕부와 쌍성총관부를 두었어. 서경에 설치한 동녕부란 '동방을 평정하는 기관'이란 뜻이었어. 지금의 영흥인 쌍성에 설치한 총관부는 몽골에서 임명된 '총관이 주재하는 기관'이란 뜻이야. 두 지역은 몽골의 직할지가 되어, 충렬왕과 공민왕이 이 지역을 되찾아올 때까지 몽골의 손아귀에 있었어.

원나라의 간섭으로 가장 고통 받은 것은 바로 백성들이었지. 고려는 수시로 원나라에 많은 공물을 바쳐야 했거든. 금이나 은 같은 귀금속부터, 삼베·모시, 호랑이 가죽이나 사냥을 위한 매, 인삼·잣처럼 구하기 어려운 진귀한 것들을 바쳐야 했어. 백성들은 공물을 마련하느라 허리가 휘었어. 게다가 원나라는 공녀까지 요구했어. 마을에서는 공녀로 뽑혀가지 않기 위해서 일찍 결혼을 시키는 조혼 풍습이 생기기까지 했어. 드문 경우이지만, 공녀로 뽑혀갔다가 원나라의 황후가 된 경우도 있었어. 기철의 누이였던 기황후는 황태자를 낳고 권력이 막강해졌지.

측근 정치와 권문세족의 집권

몽골의 간섭이 심해질수록 고려왕의 힘은 약해져 갔어. 원나라 황제가 왕위 계승도 좌지우지해서 수시로 왕이 바뀌었지. 태어나면서부터 원나라에서 살다 와 개경에 기반이 없었던 왕은 자신의 세력을 만들기가 어려웠어. 그래서 왕은 소수의 측근들만 믿고, 그들에게 나라의 요직을 주었지. 그렇게 왕과 가

경천사 터 10층 석탑

까운 사람들이 나라를 다스리는 측근 정치가 시작된 거야. 원나라 공주 출신인 왕비도 데리고 있던 종들을 왕에게 추천하였어. 이에 따라 원나라를 등에 업은 군인·통역·환관 등이 정치에 나섰지. 이들이 대를 이으면서 힘 있는 가문, 즉 권문세족이 되었어. 원의 지배가 심해지는 고려 말은 권문세족의 시대라고도 할 수 있을 만큼 그들은 큰 세력을 누리며 고려 사회를 좌지우지 했단다.

무신 정권기에 득세했던 무신 가문은 힘이 약해져 갔고 대신에 원나라와 특별한 관계를 가진 가문이 권문세족이 되었어. 몽골어를 통역하던 역관 출신 조인규의 평양 조씨나, 원나라에 매를 잡아 바치던 응방 출신 윤수의 칠원 윤씨 등이 대표적인 권문세족 가문이야. 원나라를 등에 업은 새로운 가문들이 고려 후기 사회를 지배하는 세력으로 떠올랐지.

권문세족은 재추회의에 참석하여 왕과 국정을 의논하는 고위 관료였어. 그들은 자신의 지위를 이용하여 농민의 땅을 빼앗고, 가난한 이들을 노비로 만들어 자기 농장을 일구게 했어. 농장은 나라에 세금을 내지 않는 땅이었는데, 권문세족이 가진 농장이 점점 늘어날수록 나라와 백성의 살림은 어려워져 갔지.

개혁을 꿈꾼 왕들은 이런 틀을 깨고자 했어. 충선왕은 즉위하면서 권문세족을 누르려고 했지만 오히려 반격을 받았어. 몽골에 붙은 홍복원 가문은 왕을 밀어내고, 고려를 몽골에 종속시키려는 음모를 꾸미기까지 했어. 충목왕은 권신들이 빼앗았던 땅을 백성에게 돌려주는 개혁을 추진했지만 기황후를 등에 업은 기씨 일가 때문에 성과를 거둘 수 없었지.

몽골풍의 유행

원과 강화를 맺은 후 두 나라는 서로 활발하게 교류했어. 궁중과 지배층을 중심으로 몽골어가 널리 퍼졌고 변발과 몽골 복장이 널리 퍼지기도 했어. 이런 풍습을 몽골풍이라고 했어.

변발은 이마부터 정수리까지 머리카락을 밀어버리고, 뒤통수에 있는 머리만 남겨 길게 땋아 내리는 머리 모양이야. 몽골과 만주족이 주로 하던 머리 꾸밈인데 고려의 전통적 머리 모양과 전혀 달랐단다. 고려인은 머리카락을 자르지 않고 되도록 온전하게 간직했거든.

변발은 단순한 유행이 아니라 고려가 몽골의 간섭을 받고 있는 나라라는 것을 보여주는 상징이었어. 원종은 몽골과 평화 교섭을 할 때 옷차림이나 머리 모양같이 민족을 상징하는 풍습을 유지하겠다는 조건을 내걸었어. 쿠빌라이는 이 요구를 거절하면 고려의 항복을 받기 어려울 것을 우려해서 고려의 풍속을 인정해 주었지. 하지만 힘들게 얻어낸 조건은 원종의 아들 충렬왕 대에 가서 물거품이 되었어. 원나라에서 자란 충렬왕은 쿠빌라이의 딸과 결혼하여 몽골식 옷을 입고 변발을 한 채 고려에 돌아왔어. 이런 태자의 모습에 고려 대신들은 충격에 빠졌지.

왕위에 오를 태자가 변발을 하고 몽골 공주를 아내로 데리고 나타났다는 것은 고려의 오랜 풍습이 사라질지도 모른다는 우려를 낳았어. 아니나 다를까 충렬왕은 왕위에 오르자 원나라의 제도를 받아들여 모두 앞머리를 밀어 변발을 하게 했어. 관리들부터 시작된 이 유행은 자발적이 아니라 왕명에 따른 강제적인 거였어. 민간에서는 이런 풍조를 경멸하고 내심 반발하였어. 몽골풍은 관리들이나 따르는 짓이지, 일반 백성이 따를 풍속은 아니라는 생각이 널리 퍼져 있었어.

자주적인 개혁을 추진하려 한 공민왕은 가장 먼저 몽골풍을 없애고자 했어. 왕부터 몽골 옷을 벗고 변발을 풀었어. 고려의 왕은 몽골의 꼭두각시가 아니라는 것을 머리 모양에서부터 보여 준 거야. 공민왕은 왕명에 붙이는 '충' 자를 떼어버렸어. 이런 행동은 몽골에게 빼앗긴 쌍성의 영토를 되찾아온 것만큼이나 의미 있는 일이야. 몽골의 간섭에서 벗어나 자주적인 고려를 이루겠다는 뜻이니까 말이야.

몽골의 풍습 중 오늘날까지도 전해오는 것이 있단다. 대표적인 것이 족두리와 소주고리야. 이것은 몽골의 영향을 받은 풍습이란다.

고려 사람들이 몽골에 많이 건너가면서 고려의 복색·그릇·음식 등이 몽골에 전해졌어. 이를 고려양이라고 해. 전란 중에 포로로 끌려가거나, 먹고 살기가 힘들어 그곳으로 흘러간 사람들이

소주고리
소주는 몽골에서 전래한 술이다.
고리는 술을 증류하는 질그릇을 말한다.

족두리
ⓒ국립민속박물관

심양과 요동 일대에 살면서, 고려의 풍속과 음식을 몽골에 퍼뜨렸어. 고려와 몽골의 교류는 상호 간에 이루어진 것이기는 하지만 몽골풍이 더욱 위세를 부렸지.

● 대를 이어 고려를 해친 홍 부자

몽골은 고려를 배반하고 원나라에 충성하는 세력을 적극 키웠어. 살리타가 내려올 때 고려를 배신했던 홍복원에게 동경총관이라는 높은 벼슬을 주어 고려 군민을 다스리게 하였어. 홍복원이 죽자 그의 아들 홍다구가 그 자리를 물려받았어. 홍다구는 고려왕을 갈아 치우기 위해 개경을 강탈할 음모를 꾸미기도 했고, 몽골에서 고려에게 전함을 만들라고 했을 때 감독관으로 장인들을 혹독하게 징발하기도 했지. 홍다구의 두 아들 중희와 중경은 충선왕이 개혁 정치를 펼쳐 자신들의 입지가 좁아지자 고려를 원나라의 일개 기관으로 만들려는 일을 벌였어. 자자손손 고려를 괴롭히는 일을 한 집안이 된 거야.

팔만대장경을 간직한 해인사

　합천 해인사에 보관되어 있는 팔만대장경은 국보 제32호야. 고려가 몽골의 침입을 받았을 때 만들어진 것으로 모두 81,258판이라 팔만대장경이라 부른단다. 팔만대장경은 1232년 몽골이 쳐들어왔을 때 만들기 시작해 15년 뒤인 1251년 완성되었지. 팔만대장경을 새길 당시는 왕이 강화도로 피난을 가 있는 상황이었어.

　몽골과 싸우는 동안 고려 사람들은 부처의 도움으로 나라를 지키려 했어. 그래서 몽골과 전쟁 중인 어려운 상황에서 팔만대장경을 만든 거야.

　대장경은 부처의 말을 새긴 경전이야. 첫 대장경인 초조대장경은 현종 때 거란의 침략을 물리치기 위해 만들어졌어. 그 뒤 선종 때 대각국사 의천이 첫 대장경을 보완하여 '속장경'을 만들었지. 이 두 대장경은 대구 부인사에 보관되었다가 몽골의 침략으로 불에 타고 말았단다.

　팔만대장경은 어떤 가치가 있을까?

　팔만대장경은 당시 온 국력을 기울인 문화유산이야. 대장경을 새기기 위해서는 믿을 수 있는 원전을 구하고, 산벚나무와 돌배나무를 켜서 비틀리지 않게 말려야 해. 여기에 틀린 글자가 없도록 나무에 옮기고 새겨. 이것을 산속 깊은 해인사로 옮기고, 벌레나 습기에 손상되지 않도록 판각전을 지어 간직했단다. 무신 정권은 강화도에서 기술자를 불러 대장경을 만들게 하였는데 강화도에는 재료를 구하기 어려워 만들기가

팔만대장경

힘들었어. 강화도에는 대장도감을, 남해에는 분사도감을 두어 경전을 새기는 사업을 도맡게 했지. 여기에 많은 노동력과 당대 최고의 기술이 동원되었어.

팔만장이나 되는 대장경이 완성될 수 있었던 것은 일반 백성이 참여했기 때문이야. 판목 귀퉁이에는 대장경을 만드는 데 시주한 사람 이름이 새겨져 있어. 양반이며 아전은 물론이고 여자와 노비까지 아주 다양해. 대장경을 만드는 사업은 나라에서 이끌었지만 직접 작업에 참여하여 힘을 보탠 것은 일반 백성들이야.

그런데 왜 대장경을 먼 해인사에다 옮겨 보관한 걸까? 당시 개경과 그 일대는 몽골의 손아귀에 있었어. 그에 비해 남해 주변은 몽골의 힘이 덜 미치는 곳이었지. 특히 해인사는 지리나 지형을 볼 때 대장경을 간직하기에 알맞았어. 속장경을 새긴 대각국사 의천이 머물렀던 곳이기도 하지. 대장경은 강화도에서만 새긴 것이 아니라 남해에서도 새겼어.

팔만대장경은 해인사의 판전이라고 하는 건물에 보관되어 있어. 판전은 가야산 중턱 해발 655m 높이에 서남향으로 지어진 건물이야. 북쪽은 높고 막혀 있으며, 남쪽은 아래로 열려 있지. 그래서 남쪽에서 올라오는 바람이 건물의 습도를 알맞게 유지해 준단다. 판전은 바닥에 숯을 넣어 다지고 과학적인 설계로 바람의 흐름을 조절하여, 대장경에 곰팡이가 슬지 않도록 했어. 이렇듯 해인사 판전 역시 당시 최고의 건축 기술로 지어졌단다. 덕분에 8백 년이 지난 오늘날까지 거의 손상 없이 대장경이 보존될 수 있었어. 그래서 그것을 보존하는 판전이 세계문화유산으로 지정되었지.

팔만대장경

해인사 장경판전

● 팔만대장경의 제작 과정

1. 나무를 켜서 바닷물에 절이기

2. 비틀리지 않게 그늘에 말리기

3. 경전의 글씨를 옮겨 쓰기

4. 종이를 목판에 붙이고 새기기

5. 해인사로 옮기기

6. 보관하기

과거에서 온 편지

내 나라 고려를 지키자!

고려에 몽골이 쳐들어왔지 뭐야. 그런데 무신 정권의 우두머리들은 어디 있지? 도읍을 강화로 옮기고 있네.

몽골군은 바다가 없는 곳에서 왔잖아. 그래서 강화도에서 끝까지 항전하기로 한 거야.

하지만 본토의 백성들은 몽골군에게 마구 짓밟히고 있어. 승려와 백성들이 마음을 합쳐 몽골군과 싸우고 있네. 에잇, 내 칼을 받아라! 나도 힘을 보태야지.

고려는 결국 이후 80여 년간 몽골의 간섭을 받게 돼. 삼별초가 끝까지 저항했지만 소용없는 일이었지.

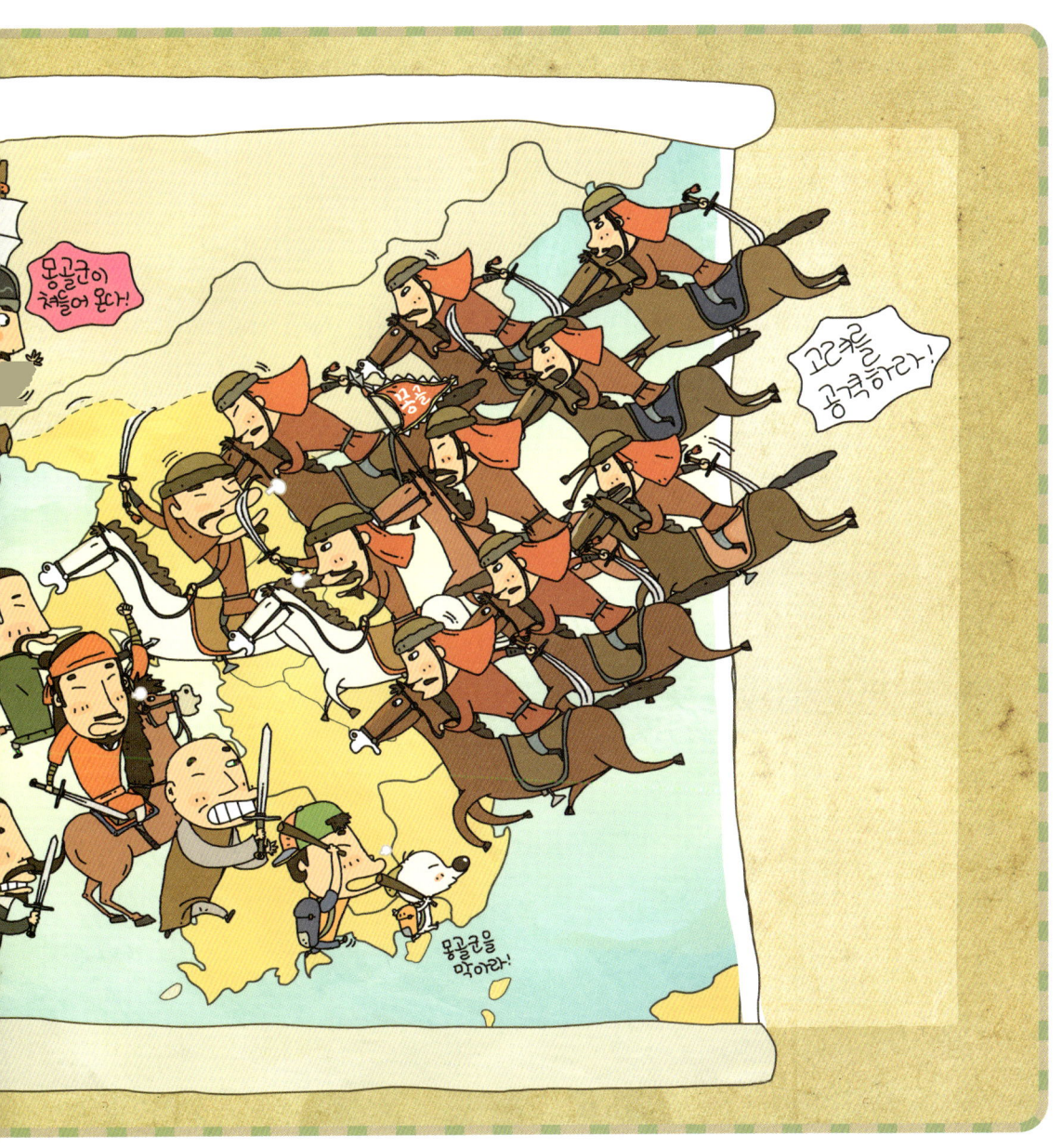

고려 사람들의 생활과 문화

고려 시대 일반 농민들은 어떻게 살았을까?
농민들의 삶은 나라 살림의 바탕이 되지.
일반 농민들의 삶을 속속들이 알아보는 건
고려를 좀더 깊이 있게 들여다보는 것과 같아.
고려는 문화와 기술이 아주 발달했던 나라야.
과학 기술과 문화 발전은 사람들의 삶을 어떻게 바꾸었을까?
또 몽골의 간섭이 계속되면서 고려에는 어떤 변화가 일어났을까?

주요 사항	시대
칭기스 칸, 몽골 통일 1206년	
몽골의 제1차 침입 1231년	
강화로 도읍을 옮김 1232년	
금속 활자로 상정고금예문 간행 1234년	
고려 대장경 새김 1236~1251년	
개경으로 환도, 삼별초의 대몽 항쟁 1270년	
원제국 성립 1271년	
남송 멸망 1279년	
개경의 국자감에 유교 성현의 사당을 세움 1304년	
충선왕이 물러나 만권당을 세움 1314년	
홍건적의 침입 1359~1361년	고려

문익점, 원에서 목화씨 가져옴 1363년	
원 멸망, 명 건국 1368년	
최영, 왜구 정벌 1376년	
최무선의 건의로 화약 무기 만듦 1377년	

직지심체요절 인쇄 1377년	
위화도 회군 1388년	

가 보자, 여기
강진 청자 박물관

고려하면? 신비로운 푸른 색으로 빛나는 청자가 제일 먼저 생각나지!
강진은 고려 시대 때 청자 생산지로 유명했어.
강진에 가면 국내 유일의 청자 박물관이 있지.
청자 유물과 가마터를 볼 수 있고,
직접 청자를 만들어 보는 체험 시설도 있어서, 많은 사람들이 찾아오고 있어.

고려 사람들은 어떻게 살았을까?

농민이 부담하는 각종 세금

고려의 농민을 백정이라고 해. 조선 시대의 백정은 소를 잡는 천민을 가리키는 말이었지만 고려 때는 일반 백성을 가리키는 말이었어. 자기 땅을 가지고 살아가는 자영농도 있었지만 궁궐이나 절간의 땅을 일구는 사람들도 있었지. 나라의 일을 처리하기 위해서는 세금을 거두어야 하지. 세금은 대부분 일반 농민이 부담했어.

일반 백정은 농사를 짓는 땅에 매겨진 '조세'를 바치고 고을마다 특산물인 '공물'을 냈어. 몸으로는 군역을 져야했지. 군대에 가지 않는 이들은 군인들이 먹고 입고 쓸 비용을 감당해야 했어. 그 외에도 궁궐이나 관아를 짓거나 성을 쌓고 길을 닦는 등 노동력이 필요한 때 가서 일을 해야 했어. 이렇게 노동력으로 바치는 부담을 요역이라 해. 이때 필요한 여비나 밥값은 각자 부담이었어.

의종 때 궁궐을 짓는 공사를 하려고 온 한 농민은 끼니를 챙길 형편이 못 되었대.

백정의 뜻

그래서 늘 점심을 굶다가 주위 사람들로부터 한 숟갈씩 얻어먹으며 일했지. 그의 아내가 머리카락을 잘라 팔아서 친절을 베푼 주위 사람들에게 술을 대접했다고 해. 사람들은 농부 아내의 마음씨에 눈시울을 적셨지.

쌀과 베만이 아니라 각종 물건을 생산해 내야 하는 '공물'의 부담도 있었어. 예를 들면 도자기와 소금, 종이와 먹 등 궁중과 관아에서 필요한 물건들을 만들어 바쳐야 했어. 이렇게 물건을 바치는 것은 꽤 부담이 되는 일이었지.

무신 정권 시대에 이인로가 지방 원님으로 있었을 때 일이야. 이인로는 궁중에 바칠 먹을 생산하기 위해서 고생한 일을 기록에 남겼지.

"붓·벼루·종이·먹은 선비에게 꼭 필요한 문구인데, 이 가운데 먹이 가장 만들기 어렵다. 내가 맹성의 원님으로 있을 적에 임금님께서 쓰실 먹 500자루를 만들어 바치라는 명령이 떨어졌다. 서둘러 공암촌에 가서 백성들을 불러 모아 소나무 그을음 100곡을 모으게 한 뒤, 먹 만드는 장인을 부려 두 달 만에 임무를 완수하였다. 장인은 물론이고 나 역시 그을음이 묻어 옷과 얼굴이 온통 검댕이었다. 옷을 빠느라 무진 고생을 한 끝에 성 안으로 들어왔다. 그 뒤로는 먹을 보면 그때 고생한 일이 떠올라 한 치 자투리 먹일지라도 천금처럼 소중하게 여기게 되었다."

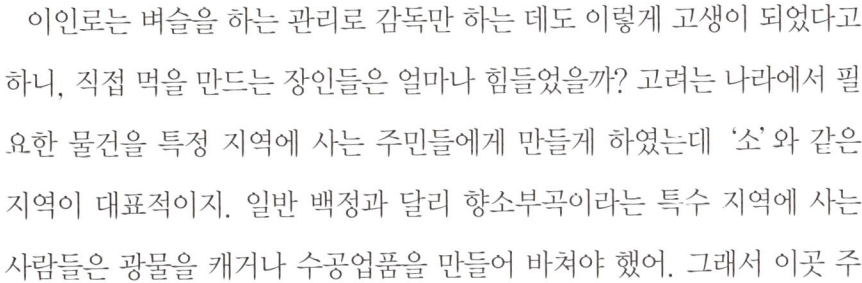

이인로는 벼슬을 하는 관리로 감독만 하는 데도 이렇게 고생이 되었다고 하니, 직접 먹을 만드는 장인들은 얼마나 힘들었을까? 고려는 나라에서 필요한 물건을 특정 지역에 사는 주민들에게 만들게 하였는데 '소'와 같은 지역이 대표적이지. 일반 백정과 달리 향소부곡이라는 특수 지역에 사는 사람들은 광물을 캐거나 수공업품을 만들어 바쳐야 했어. 그래서 이곳 주

민들은 일반 농민보다 더욱 힘겹게 살아야 했지.

고려 자기는 흙이 좋고 땔감이 풍부한 지역에 할당되었어. 벼슬아치와 귀족들은 이런 자기로 호화로운 생활을 누렸지. 몽골 간섭기 때는 새로운 공물이 생겨났는데 바로 매를 잡아 바치라는 것이었지. 사냥매를 할당받은 농민들은 추위를 무릅쓰고 매를 잡으러 산을 헤매야 했어. 응방은 매를 잡거나 기르는 것을 관리하던 관청이란다.

농민들의 생활

고려 시대 일반 농부의 삶은 풍족하지 못했어. 보통 네다섯 명인 농부 가족이 일년을 나려면 17섬 정도의 식량이 필요했어. 하지만 대개 농부들은 평균 18섬 정도의 식량밖에 생산하지 못했어. 18섬에서 세금을 내고 나면 살아가기가 쉽지 않았지. 그래서 버려진 땅을 개간하거나 남의 땅을 빌려 일구고, 돼지와 닭을 치고, 약초와 나물을 캐어 부족분을 메워야 했단다.

> 고려 최고의 문장가 하면 누구일까?
> 인품을 따지는 사람들은 이제현을 꼽기도 하지만 작품의 양을 따지는 사람들은 이규보를 꼽지. 이규보는 《동국이상국집》, 《백운 소설》, 《국선생전》 등 많은 작품을 남겼어.

햇곡식 푸릇푸릇 논밭에 자라는데
아전들이 세금 걷는다고 야단이라네.
붉은 몸 짧은 갈옷으로 가리고 날마다 밭 가느라 땀을 흘리고
봄 되어 벼 싹이 파릇파릇해지면 김매기에 눈코 뜰 새 없다네.
풍년이 들었다 해도 관청에 바치기에 바빠
내 앞에 돌아오는 것은 한 알갱이도 없네.

〈이규보의 시 중에서〉

농민들은 주로 벼농사를 지었지. 그런데 저수지 시설이 충분치 않아 가뭄이나 물난리가 나면 그 해 농사를 망치기 일쑤였어. 또 땅 힘을 기르기 위해 돌아가며 농사를 지어야하는 땅이 많았어. 그렇다보니 열심히 농사를 지어도 수확량이 넉넉하지 못했단다.

농촌에서는 대부분 필요한 물건을 자급자족했어. 송나라 사신 서긍이 남긴 글에 보면, 개경에 장터거리가 있었는데, 거기서는 정해진 날마다 장이 섰다고 해. 쌀이나 비단, 모시를 파는 가게가 상호를 내걸고 장사를 했대.

조선 시대와 달리 지방에서는 오일장이 서지 않았어. 다만 곳곳을 떠돌아다니는 봇짐장수들이 있었지. 그들은 큰 절 앞에서 봇짐을 펼쳐 놓고 물건을 팔았지. 절에서는 연등회 같은 불교행사가 열릴 때 큰 장이 섰거든. 절은 시주를 받아 목돈을 만지고 마늘이나 벌꿀을 팔아 큰돈을 모았어. 개경의 큰 절이나 지방의 이름난 절은 나라의 경제를 좌우할 만큼 큰 세력으로 성장했지.

통도사

목면이 재배되다

목면이 들어오면서 고려 시대 농민들의 의복에 큰 변화가 생겼어. 1364년 원나라에 사신으로 갔던 문익점이 돌아올 때 목화씨를 가져오면서 처음으로 목면이 재배되기 시작했어. 문익점이 목화씨를 가져오기 이전에도 한

목화시배지 ⓒ엔사이버

반도에는 솜이 자라고 있었어. 고구려의 장군 온달이 풀솜으로 만든 옷을 입고 있었다는 기록이 있거든. 그런데 이 풀솜은 드문드문 자랄 뿐 일부러 기르지는 않았지. 그래서 고려의 주된 옷감은 삼베나 모시, 그리고 명주였어. 그러다 문익점이 목화씨를 들여온 거야. 문익점은 고향인 산청군 단성면에서 목화 재배에 성공하였어. 또 그의 장인 정천익이 목화에서 실을 뽑는 기술을 알아냈어. 꽃으로 핀 솜을 타서 실을 만들고 이 실로 무명 베를 짰지. 귀족이나 부자는 명주나 털옷을 입기도 했지만 일반인에게 겨울은 견디기 어려운 계절이었지. 하지만 무명은 추위를 막는 데는 아주 좋은 옷감이야. 목면이 재배되면서 고려 사람들은 따뜻한 솜이불을 덮고 솜을 누빈 옷을

물레로 실잣기

입을 수 있게 되었지.

　나라에서도 목화 재배를 크게 장려했어. 목화는 날씨와 땅에 민감한 작물이지만 점차 전국적으로 재배되었어. 이후 목면은 쌀과 더불어 농가의 2대 작물이 되어, 화폐의 구실까지 하게 되었단다.

연등회와 향도 조직

　고려는 불교 국가야. 태조 왕건은 연등회와 팔관회를 치르며 불교 행사를 장려했어. 이후 왕들이 나라의 안녕을 비는 의미에서 불교를 적극 이용하면서, 이름난 고승을 왕의 스승으로 두어 나랏일에 대해서 조언을 들었지.

베틀로 베짜기

연등회는 등을 달아 부처님께 바치는 법회야. 석가 탄신일에도 연등회가 열렸지만 특히 2월 보름 개경에서 성대하게 열렸지. 왕이 개경 봉은사에 가서 향을 피워 부처님의 덕을 기렸지.

연등회 때는 종이로 만든 등을 걸었어. 이때 군신이 춤추고 노래하며 나라의 안녕을 기원하였어. 오늘날에도 사월초파일 부처님 오신 날에 연등을 밝히지.

팔관회는 신라 때부터 내려오는 행사야. 산천명산 토속신에 제사를 올리고 나라의 평안을 비는 고려 최고의 잔칫날이었어. 팔관회는 매년 10월 15일에는 서경에서, 그리고 11월 15일에는 개경에서 열렸어. 팔관회가 열릴 때는 송나라와 일본 그리고 여진의 사신들이 찾아와 왕에게 선물을 드렸어. 그날은 왕과 관리, 일반 백성들이 밤새도록 잔치를 벌였단다.

불교는 일반 백성들 사이에서도 깊이 뿌리를 내리고 있었어. 미륵불을 믿는 사람들은 향도를 조직해서 복을 빌었지. 무리를 지어 부처님을 함께 섬기는 향도는 마을의 공동체 조직이었어. 향나무를 바닷가나 땅에 묻고 향을 피우는 데 이런 의식을 매향이라고 했어. 대개 마을 단위를 넘어 고을 단위로 조직되었지.

향도는 왜 생겨났을까? 농사는 농부 한 사람이 혼자 하기 힘든 일이야. 게다가 나라에서는 각종 공물과 역을 요구

개심사 터 오층 석탑

했지. 그래서 농민들은 공동체를 만들어서 이런 필요를 해결했어. 이때 만들어진 고을 사람들의 조직이 향도야.

향도는 불상이나 석탑을 세우는 공동 노역을 벌이기도 했어. 현종 때 경주 예천의 개심사에다 석탑을 만들 때는 연인원 2만 명과 수많은 소가 동원되었어. 이런 일을 위해 고을 사정에 밝은 아전들이 중심에 섰고, 고을 유지와 일반 백성이 시주를 하고 노동력을 바쳤지.

고려에는 유독 커다란 불상들이 많아. 불교는 왕실에서만이 아니라 일반 백성들의 마음 깊숙한 곳에 자리했기 때문에 너도나도 불상을 세우고 싶어 했거든.

관촉사 은진미륵

충남 은진의 관촉사에는 거대한 불상이 전해오지. 높이가 18미터에 이르는 거대한 돌미륵은 선명한 눈과 뭉툭한 코, 넓적한 턱을 가지고 있어서 강렬한 인상을 준단다. 안동의 제비원 석불도 바위산에다 몸통을 새기고 그 위로 우뚝 바위 얼굴을 얹어 놓아 크기가 엄청나지. 경기도 파주 용미리의 석불도 높이가 10미터를 넘는 규모가 우람한 석불이야. 이런 석불들은 한두 석수장이의 기술만으로 만든 게 아니고 수많은 사람들로 이뤄진 향도가 이뤄낸 작품이야. 신라는 왕실이 중심이 되어 기술자가 석굴암처럼 정교한 예술품을 만든 반면에, 고려는 지방사회와 향도가 중심이 되어 투박하고 거대한 바위 조각을 만들었지.

불교를 숭상하는 나라이다 보니 고려의 예술과 문화유산에는 불교와 관련된 것이 많아. 팔만대장경도 그렇지. 불교 예술품에는 부처의 모습을 그린

수월관음도
ⓒ삼성미술관 리움

탱화, 금가루로 쓴 불경 등 화려한 예술 작품이 많단다.

고려의 대표적인 문화재이면서 불교 예술품으로 빼놓을 수 없는 것이 고려 불화야. 깊은 불심을 가진 고려 사람들은 고운 비단에 부처님의 모습을 그렸지. 고려 불화는 특히 섬세하고 정교한 묘사와 아름다운 채색으로 유명한데 1310년에 그려진 수월관음도가 대표적이야. 보석으로 꾸민 관과 구슬, 그리고 얇은 비단을 걸친 관음보살이 그윽한 눈빛으로 선재동자를 바라보는 그림이야. 현재 남아 있는 고려 불화는 대부분 일본에 있어. 일제 시대에 일본 사람들이 헐값으로 우리나라 불화를 사들였기 때문이야. 안타까운 일이지.

무당의 샤머니즘도 일반 백성들에게 많은 영향을 주었어. 이금이라는 요사한 무당은 자기를 따르면 일 년에 여러 번 곡식을 거둘 수 있게 해주겠다고 꾀었지. 그녀의 말에 사람들이 무리를 지어 따르기도 했다고 해. 일용할 양식이 없어 허덕이던 사람들이 많았다는 이야기야.

조선 시대 《무예도보통지》에
나오는 격구도

귀족들의 스포츠, 사냥과 격구

몽골과 평화 협정을 맺은 뒤에 고려 사회에는 몽골 풍속이 퍼졌어. 귀족들 사이에서 사냥과 격구가 인기를 끌었지. 왕은 개경 인근의 산을 전용 사냥터로 삼아 논밭을 짓밟고 활을 쏘아댔어. 특히 충렬왕은 나랏일을 팽개치고 사냥만 일삼아 세자와 왕비가 나서서 말릴 정도였어.

후대에 전해오는 '대렵도'라든가 '호렵도'에 고려 시대의 사냥 모습이 잘 드러나 있어. 공민왕의 작품으로 전해오는 '천산대렵도'에는 몽골식 변발을 하고 말을 타고 달리는 사람의 모습이 묘사되어 있단다.

천산대렵도
ⓒ국립중앙박물관

격구는 왕과 귀족이 즐기는 운동이었어. 페르시아에서 시작된 운동으로 삼국 시대에 서역에서 중국을 거쳐 한반도에 들어왔지. 말을 타고 달리며 막대기로 공을 쳐서 상대편 골문에 넣은 횟수로 승부를 가렸어. 특히 무인들은 안장의 꾸민새라든가 옷차림을 위해 많은 돈을 썼다고 해.

조선을 세운 이성계도 격구를 매우 좋아했어. 왕이 되고 나서도 격구에 빠져 나랏일을 귀찮게 여기기도 했대. 격구의 인기는 조선 시대까지 이어져서 무과의 시험 과목이 될 정도였단다.

돌이 전하는 고려 사람들의 생활

묘지명이 뭔지 들어봤니? 묘지명은 죽은 이의 무덤에 살아있을 때의 일을 적어 넣는 돌이야. 고려에서 묘지명을 남긴 사람은 주로 왕족이나 관료, 승려였어. 이 묘지명을 보면 고려 사람들이 어떻게 살았는지 알 수가 있지. 혼인은 언제 했고, 자녀는 몇 명을 두었으며, 얼마를 살다 죽었는지도 알 수 있어.

대체로 남자는 20살, 여자는 16살 쯤에 혼인하는 것으로 나타나는데 후기에 가면 남자는 18살, 여자는 14살로 혼인하는 나이가 낮아져. 조선 시대에는 혼인하는 나이가 더 낮아져서 일반 남자는 15살부터, 여자는 14살부터 혼인하곤 했지.

이름난 학자로 일찍부터 두각을 드러낸 이색의 경우를 볼까? 이색은 1341년 나이 14세였을 때 이때까지 늘어뜨린 댕기머리를 버리고 상투를 틀어 올렸어. 이걸 관례라고 했는데 어른이 되는 의식이야. 그런 뒤에 곧바로 안동 권씨에게 장가를 갔지. 그 때 이색은 14살, 아내 권씨는 겨우 11살이었단다. 그가 벼슬에 나아간 것은 26살 때로 고려 사람들이 벼슬에 나아가는 평균 나이인 23살 안팎보다는 조금 늦은 편이었어. 우리나라에 주자학을 들여온 학자 이제현의 경우를 보면, 16살에 결혼했는데 그 때 아내의 나이는 15세였지. 장인이 된 사람은 과거에서 그의 시험관이었다고 해. 이제현의 아내는 현모양처였던 것으로 묘지명에 전해오지.

고려 귀족들은 자식을 몇 명이나 낳았을까? 여러 묘지명에서 평균값을 구해 보면

염경애의 묘지명 ⓒ국립중앙박물관

자녀수는 보통 4명 정도였어. 부부간의 나이 차는 5년을 넘어서지 않아. 혼인한 나이가 알려진 왕들의 평균 혼인 나이는 18세 전후야. 그 가운데 왕건의 맏아들로 고려의 2대 왕이 된 혜종은 10세에 결혼했단다.

  수백 개의 묘지명을 통해 고려 귀족의 평균 수명을 구해보면 39.7살 정도야. 즉 40살을 채 누리지 못하고 죽는 게 일반적인 경향이었어. 국왕 34명의 평균 수명이 42.3세였으니, 최고의 의료 혜택을 누리고서도 일반 귀족보다 2년밖에 더 살지 못했다고 할 수 있지. 그래서 옛날에는 태어난 띠가 돌아오는 60살 환갑을 경축했고, 70살은 더욱 귀한 일로 여겨 고희라 했어.

문화와 과학 기술이 발전한 고려

고려의 인쇄술

옛날에는 책을 어떻게 만들었을까? 가장 널리 쓰인 방법은 손으로 일일이 베껴 쓰는 거야. 그러자니 너무 힘이 들었지. 그래서 고안한 방법이 목판 인쇄였어. 나무판에 글씨를 새기고 글씨에 먹을 바른 뒤 찍는 거야. 100쪽의 책을 찍으려면 100장의 목판이 필요했단다. 《논어》를 위해 새긴 목판으로는 《논어》만 찍을 수 있지. 글씨가 판에 딱 박혀 있기 때문이야. 책이 두꺼울수록 목판은 더욱 늘어날 수밖에 없었어.

금속활자
ⓒ국립중앙박물관

활판은 목판과 달리 낱낱의 글씨를 새겨 판에 앉힌 거야. 한 가지 책을 찍은 뒤에는 판을 허물고 낱글자를 조합해서 다시 쓸 수 있단다. 즉 활판의 활자는 한 번 쓰고 마는 글자가 아니라 다시 쓸 수 있는 '살아 있는 글자'였어. 금속활자는 주로 관아와 절간 같이 책을 원하는 사람들이 많은 곳에서 만들어졌어.

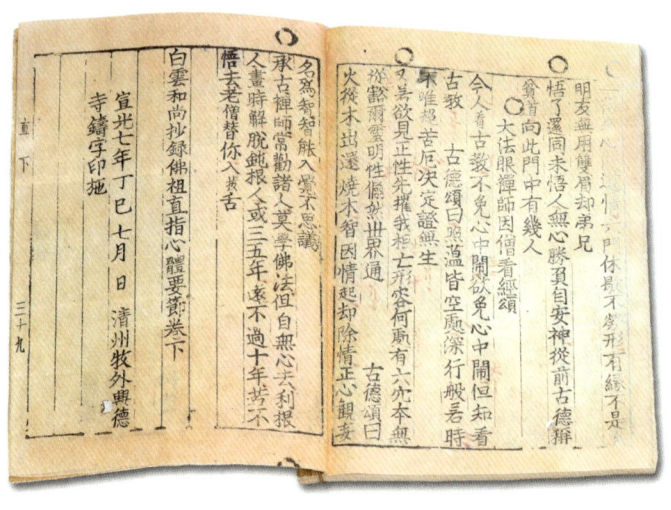
직지심체요절

고려 사람들은 1234년 세계 최

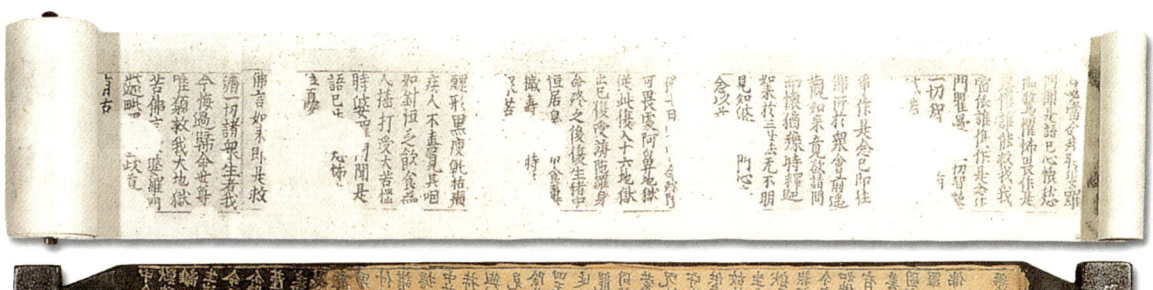

무구정광대다라니경 ⓒ불교중앙박물관/국립중앙박물관
세계에서 가장 오래된 목판인쇄물이다

초로 금속으로 활자를 만들어 책을 찍었어. 그게 바로 《상정고금예문》이란 책이야. 오늘날까지 남아 있는 가장 오래된 금속활자본은 《직지》야. 《직지》는 1377년 공민왕 때 청주 흥덕사에서 승려 백운 화상이 부처님의 가르침을 적어 간행했어. 《직지》는 유네스코 세계 기록 유산으로 등록되어 있지만 안타깝게도 보관되어 있는 곳은 우리나라가 아닌 프랑스 국립 도서관이야.

서양에서는 독일의 금은 세공사였던 구텐베르크가 1455년에 처음 활자를 만들었지. 고려 사람들보다 200년이 늦은 일이었어.

고려 책이 송나라와 일본에서 인정받은 것은 뛰어난 인쇄술 덕분이지만 품질 좋은 고려의 종이도 한몫을 했어. 고려 종이는 닥나무로 만들어 촉감이 좋은데다 수백 년이 지나도 변색이 되지 않았거든. 고려의 금속활자는 조선에 전해져 더욱 발전되었지. 조선 초 갑인자와 같은 아름다운 활자가 만들어져서 많은 책들이 인쇄되었단다. 고려에서 전해진 활자와 인쇄 기술의 전통이 없었다면 상상하기 힘든 일이야.

●금속활자 만드는 방법

글자본 만들기

주형틀 만들기

쇳물 붓기

조판 하기

화약을 개량한 최무선

14세기 말 고려에서는 화약 무기를 만드는 기술이 크게 발전했어. 최무선은 우리나라 해안에 나타나 노략질을 일삼던 왜구를 소탕하기 위해서 화포를 만들었지. 하지만 한반도에서 화약 무기가 쓰이기 시작한 것은 최무선 때가 처음은 아니야. 12세기 초 윤관의 별무반에 신무기가 있었던 거 기억나니? 그중에 '발화'라는 일종의 화약 무기 부대가 있었어. 이 발화는 화약의 힘으로 날아가는 불화살이었을 것으로 추측된단다. 그 뒤 발화는 성능이 개선되어 오늘날의 총과 비슷한 총통으로 발전했어.

화약은 중국에서 처음 개발되었어. 최무선은 이 화약 만드는 법을 배우고자 애썼지만 중국은 화약제조법이 밖으로 새 나가지 않도록 단단히 단속했지. 화약은 염초·유황·숯으로 만드는데, 이 세 가지 성분을 일정한 비율로 잘 섞는 것이 그 비법이었어.

전하는 말로 최무선은 중국인 이원에게서 염초를 굽는 방법을 배웠다고 해. 이원이 원나라 사람인지 양쯔 강 아래 명나라 사람인지는 분명하지 않아. 최무선은 화약을 만드는 데 핵심적인 '염초 굽는 법'을 알아냈어. 그리고 우왕 3년에 화약 공장인 화통도감을 세웠어. 여기서는 화약을 대량 생산했지. 고려는 화약 무기를 만드는 전문 기관을 설치한 거야.

화통도감에는 화약을 연구하는 이가 여러 명이었지. 한두 발을 쏠 수 있는 양으로는 훈련

진포대첩비

164 고려 사람들의 생활과 문화

● 시와 노래를 사랑한 나라 고려

고려는 시인의 나라라 할 만큼 시를 쓰는 문장가들이 많았어. 전해 내려오는 시와 고려 가요는 지금도 많은 사람들에게 깊은 감동을 주지.

고려는 어떻게 시인의 나라가 되었을까? 고려는 인재를 뽑을 때 과거 시험을 보았어. 과거에는 명경과와 제술과가 있었는데, 명경과는 유교 경전을 시험 보는 것이지만 제술과는 문학적 재능을 알아보는 시험이었어. 명경과보다 제술과를 더 알아주었기 때문에 고려에서는 시를 잘 지으면 출세한다는 말이 있을 정도였지.

유명한 시인으로는 김부식이 질투했다는 정지상이나 술을 좋아한 이규보가 유명하지.

우리의 역사를 공부하는 데 단초가 되는 김부식의 《삼국사기》, 일연이 쓴 《삼국유사》, 이규보의 《동명왕편》, 이승휴의 《제왕운기》, 각훈의 《해동고승전》 등이 모두 고려 시대에 씌어진 작품이야.

을 제대로 할 수 없었기 때문에 화통도감에서는 충분한 양의 화약을 만들었어.

최무선이 만든 화포는 화약의 힘으로 화살이나 마름쇠, 쇠공을 날려 보내는 대포였어. 마름쇠는 도둑이나 외적을 막기 위해 흩뿌리는 끝이 뾰족한 무쇠덩이야. 화포는 배에 장치되어 왜구를 혼쭐내는 함포가 되었어. 화포는 심지에 불을 붙이면 쇠통 안에서 화약이 폭발했어. 그 힘으로 불화살이 날아갔지. 불화살은 적선을 잿더미로 만들어 버렸어. 최무선이 화포의 위력을 톡톡히 보여준 것은 1380년 가을 왜선 3백여 척이 지금의 군산 앞바다인 전라도 진포에 쳐들어왔을 때였단다. 이를 진포 대첩이라고 해.

넝쿨 무늬가 새겨진 청자 사발
ⓒ국립중앙박물관

고려청자

고려 문화를 이야기할 때 빼 놓을 수 없는 것이 바로 고려청자야. 청자는 물이 새지 않고 흙냄새가 나지 않아 사람들 사이에 널리 사용되었어. 물론 귀족들이 주로 썼지. 당시에는 고려청자를 술이나 음식·약·화장품 따위를 보관하는 데 썼고, 부잣집에서는 의자·베개·기와 등에도 썼어. 개경에는 문벌 귀족들이 모여 살았다고 했지? 멀리서 고려 수도 개경을 보면 기와를 장식한 청자로 온통 푸른빛이었다고 해.

이 청자를 만드는 것은 쉬운 일이 아니었어. 고려청자를 만들기 위해서는 좋은 흙과 유약을 만드는 기술, 그리고 무엇보다 높은 온도를 낼 수 있는 가마가 중요해. 그러다 보니 땔감이 풍부하고 좋은 흙을 구할 수 있는 곳에 가마가 만들어졌어. 강진은 유명한 가마터였지.

중국에서 따라 하기 힘들었던 고려청자의 색은 가마 온도에 따라 달라지는데 1200~1300도에서 구워야 푸른빛이 나타난다고 해.

고려청자의 비법은 상감 기법이야. 상감 기법이란 그릇을 반쯤 구워 흙이 부드러울 때 칼로 무늬나 그림을 새겨 파낸 뒤 그 자리에 다른 색깔의 흙을 메워 넣는 거야. 그 뒤 유약을 바르고 가마에 넣어 구우면 서로 다른 색깔로 무늬와 그림이 살아나지. 색깔 물감을 하나도 쓰지 않고도 흙으로만 색을 낸다는 것이 신기하지? 장인 정신으로 만들어진 고려청자는 개경으로 올라가거나 송나라에 수출되어서 큰 인기를 끌었단다.

"어이쿠, 납시었나요."

가마터의 사람들이 넙죽 허리를 굽혔어요. 관아에서 나온 아전이 목이 아버지 앞으로 와서 종잇장을 펄렁 펼쳤어요.

"어험, 석달 안으로 이곳 가마에서 구워야할 목록이여. 주전자 열 개, 대접 스무 개, 접시 서른 개, 찻그릇 열 개, 매화무늬 꽃병 열 개……."

아전은 돌아서며 다짐을 했어요.

"알지? 임금님 계신 궁에다 바치는 거? 품질도 좋아야지만 기한도 어김이 없어야 해."

강진은 개경에서 멀리 떨어진 해안가 고을이에요. 이곳에 청자를 굽는 가마가 줄지어 들어선 것은 주위에 좋은 흙이 있고 땔나무가 많기 때문이었어요.

목이 아버지는 이곳 도공이에요. 다른 도공들과 함께 가마 근처에 살면서 관아의 명령에 따라 청자를 구워 왔어요. 힘들긴 하지만, 나라 안팎에서 명성을 날리는 청자를 제 손으로 만든다는 것에 자부심을 가지고 있어요. 목이도 아버지를 도우며, 잔심부름을 하고 있었지요.

사람들은 아버지의 지시에 따라 준비 작업에 들어갔어요. 장작을 패서 말리고, 흙을 파 실어오고, 가마에 어디 구멍난 곳이 없나 손을 보았지요. 그런 뒤 체질을 시작했어요. 거친 모래 따위가 섞이지 않도록 고운 흙가루만 모으는 거예요.

이 일이 끝나면 바닥에서 찰진 흙을 발로 밟아 반죽을 했어요. 그런 뒤 물레질에 들어갔지요.

"에잉, 이 놈의 모기!"

물레를 돌리던 사람이 무심결에 흙이 범벅이 된 손으로 모기를 눌렀어요. 그 바람에 코와 뺨에 진흙이 묻었어요.

칠보 무늬를 뚫어 새긴
청자 향로
ⓒ국립중앙박물관

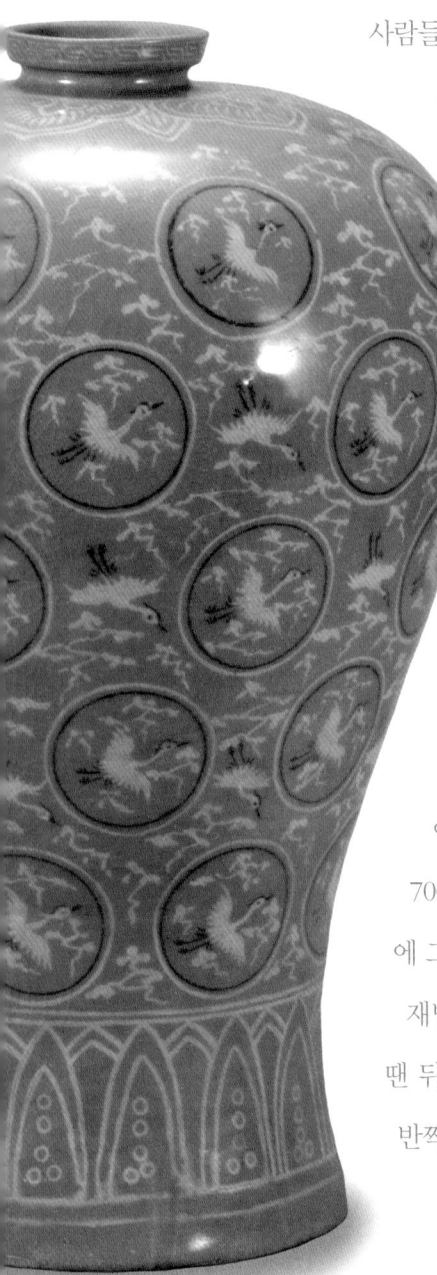

구름 속을 노니는 학을 새긴 청자
ⓒ연합뉴스

사람들은 서로 히죽히죽거리며 부지런히 물레를 돌렸어요. 그리고 그릇의 꼴이 잡힌 흙을 응달에 옮겨 말렸어요.

며칠 뒤 목이 아버지는 쇠끝으로 무늬 파기에 들어갔어요. 아버지가 손을 놀리자 그릇에는 매화 꽃이 피고 새가 날았어요. 그렇게 파낸 자리에는 성질이 다른 흙을 메워 넣었지요. 이 상감 작업이 끝나면 초벌구이를 위해 가마 안에 만든 그릇을 차곡차곡 쌓았어요.

드디어 가마에 불을 넣는 날이 왔어요. 사람들은 막걸리와 명태가 차려진 상에서 고사를 지냈지요. 목이 아버지가 사람들을 대표하여 고개를 조아렸어요.

"모쪼록 자기가 잘 구워지기를 바라나이다."

사람들은 막걸리를 한잔씩 돌려 목을 축였어요. 그런 뒤 불을 붙였어요. 굴처럼 된 오름 가마 안쪽으로 자욱한 연기가 빨려 들어갔어요. 장작불은 밤새도록 계속 타올랐어요. 가마 안 온도를 약 700~800도로 알맞은 시간동안 유지해야 초벌구이가 성공해요. 그 뒤에 그릇을 꺼내 유약을 발라 다시 굽지요.

재벌구이에서는 더 높은 온도로 구워요. 그러기 위해 불을 더욱 오래 땐 뒤 아궁이를 막아 버렸어요. 가마 안에서 흙은 열기를 이기지 못하고 반짝이는 자기로 바뀌어요. 두드리면 맑게 울리는 소리가 나지요.

"히야!"

가마 안에서 나온 영롱한 색깔의 매화무늬 꽃병을 보고 사람들은 탄성을 질렀어요.

"아니야, 이건!"

목이 아버지는 멀쩡해 보이는 걸 망치로 쨍강 깨버렸어요. 맘에 들지 않았기 때문이지요. 목이는 철렁 가슴이 내려앉았어요. 수량을 맞추려면 한 개가 아쉬운 판인데 이때껏 고생을 헛것으로 만들어 버리는 모진 소리였으니까요.

"아닌 건 아니야! 내 눈에 차지 않은 건 넘길 수가 없어."

목이 아버지의 까탈스러운 심사를 통과한 뒤에야 청자는 차곡차곡 배에 실렸어요.

"과연! 누가 뭐래도 목이 아범 솜씨가 제일이야!"

다시 나타난 아전이 청자를 치켜들고 침을 튀기며 찬탄했어요. 그 말에 목이 아버지와 사람들은 이때껏 한 고생이 녹아 내리는 기분이었어요.

이윽고 청자를 실은 배가 닻을 올렸어요. 배는 개경을 향해 힘차게 나아갔어요. 목이와 아버지, 그리고 가마터 사람들은 무사 항해를 빌며 손을 흔들었어요.

김준근의 기산풍속도 중
오름 가마 모습

돋보기

직지와 구텐베르크 성서

　세계 최초로 금속활자를 발명한 나라가 고려라는 사실을 알고 있지? 고려는 언제 어떤 책을 금속활자로 찍었을까? 오늘날 세상에 남아있는 제일 오래된 금속활자본은 《직지》야. 이 책은 청주 흥덕사에서 1377년에 찍었는데, 원래 이름은 《백운화상초록불조직지심체요절(白雲和尙抄錄佛祖直指心體要節)》인데, 줄여서 《직지》라고 해. 현재 프랑스 국립도서관에 있지. 《직지》는 부처님의 가르침을 따라 수행하는 법을 적은 책이야. 기록에 따르면 이보다 앞선 1234년경 《상정고금예문》이란 책을 금속활자로 찍었다고 하는데 실물이 전해오지는 않아.

　조선에서 인쇄문화가 크게 일어난 것은 고려의 활자문화가 이어진 덕분이라 할 수 있어. 조선의 3대 임금 태종은 1403년 주자소라는 인쇄소를 설치하고, 계미자라고 하는 아름다운 활자를 만들고, 나라에 필요한 각종 법전이나 유교서적을 찍었지. 세종은 이런 활자를 이어 받아 한글 활자를 만들었어. 그래서 《월인천강지곡》이나 《석보상절》같은 책이 나올 수 있었단다. 고려나 조선에서 활자는 주로 절이나 관아에서 필요한 책을 찍는 데 쓰였어.

　구텐베르크(Johannes Gutenberg, 1400?~1468)는 독일 마인쯔에서 태어난 세공업자야. 금속을 녹이거나 쪼아서 가공하는 직업이지. 그는 성서를 쓰기 위해 수도사들이 몹시 공력을 들이는 것을 보고 금속활자를 고안해 냈어. 직업의 연장선에서

인쇄물을 보고 있는 구텐베르크

발명이 이루어진 거야. 1455년 그는 활자판을 포도주를 짜는 틀에다 걸어서 성서를 찍는 데 성공했어. 이렇게 만들어진 성서는 한부 값이 12굴덴, 당시 고급 관리의 한 달 치 봉급에 이르는 고액이었지. 많은 양피지가 들어갔고, 활자를 녹여서 만드느라 목돈이 들었기 때문이야. 하지만 값싼 종이가 보급되면서 책값이 낮아졌지.

구텐베르크가 발명한 활판 인쇄술은 고려보다 200년 가량 늦었지만 빠른 속도로 유럽 여러 나라로 퍼졌어. 당시 유럽은 르네상스를 거치며 각지에서 대학이 생겨나 너도나도 책을 찾았지. 활자 인쇄술은 이런 요구와 맞아떨어지면서 놀라운 속도로 지식의 전파를 일으켰어. 똑같은 금속 활자인데도 고려와 유럽에서 사회적 영향이 달랐던 거야.

과거에서 온 편지

고려의 빛나는 문화유산!

고려는 뛰어난 인쇄술을 자랑하지. 팔만대장경처럼 목판에 새겨 인쇄를 하기도 했지만, 무엇보다 대단한 건 금속활자를 이용한 인쇄술이야.

활자를 쓰면서부터 일일이 목판에 새길 필요가 없어져서 더 손쉽게 인쇄할 수 있게 됐어.

신비로운 색깔을 지닌 고려청자와 고려 종이는 그 품질이 뛰어나서 다른 나라에서 앞다퉈 수입하려고 했지. 고려 때에 목화가 들어와 사람들의 옷도 달라졌어.

고려의 멸망

고려는 거란과 여진의 침입을 막아 내고
몽골과 40년 항쟁 속에서도 나라의 명맥을 끝까지 유지하였어.
그런 고려가 왜 망하게 된 걸까?
고려 후기 최대의 과제는 원나라의 간섭을 몰아내고
자주적인 나라를 만드는 것이었어.
충선왕과 공민왕은 어려움 속에서도
개혁을 추진하여 친원 세력을 몰아냈지.
그러나 뒤이어 권문세족이 들어서면서
고려 사회는 안으로 깊은 병이 들어갔어.
밖에서는 홍건적과 왜구의 침입이 있었고,
안으로는 권문세족이 나라 재정과 기강을 흐트러뜨리는 사이,
무장 세력이 일어났어.
이를 기회 삼아 이성계는 세력을 키우며 야망을 품었지.

| 주요 사항 | 시대 |

개경으로 환도, 삼별초의 대몽 항쟁 1270년

원제국 성립 1271년

남송 멸망 1279년

홍건적의 침입 1359~1361년

문익점, 원에서 목화씨 가져옴 1363년

원 멸망, 명 건국 1368년

최영, 왜구 정벌 1376년

최무선의 건의로 화약 무기 만듦 1377년

금속 활자로 《직지》 찍음 1377년

위화도 회군 1388년

박위, 쓰시마 섬 토벌 1389년

고려 멸망, 조선 건국 1392년

한양 천도 1394년

고려

가 보자, 여기
최영 장군 묘

"황금 보기를 돌같이 하라."
맞아! 최영 장군이 평생 청렴하게 살면서 마음에 새겼던 말이라고 하지.
고려 말, 홍건적과 왜구의 침입을 수차례 물리친 최영은
쇠망해 가는 고려를 끝까지 지탱하려고 노력했던 사람이야.
최영 장군의 묘는 경기도 고양시에 있어.

부원 세력을 몰아내다
공민왕의 개혁

부원 세력을 몰아내다—공민왕의 개혁

고려 후기 왕에게 가장 중요한 문제는 무엇이었을까? 바로 원나라에 빌붙은 세력을 몰아내는 거였어. 충렬왕 때부터 고려왕들은 몽골 황제의 사위였지만 동시에 고려 최고 통치자이기도 했어. 원나라에서 자라 원나라 사위가 되었지만 자신이 고려인인 걸 잊지 않았어. 그래서 왕이 되자 몽골의 간섭에서 벗어나려고 애썼지.

충선왕은 왕 위에 오르자마자 관리 제도를 바꾸었어. 권력을 가진 신하들이 차지한 넓은 땅을 다시 백성들에게 나눠 주었지. 또 원나라에 대해서도 자주적인 태도를 취했어. 그러나 불과 7개월 만에 원나라 공주와 부원 세력에게 밀려 옥새를 빼앗기고 왕위에서 쫓겨나, 멀리 티베트까지 유배를 떠나야만 했어. 뒤를 이은 충목왕도 개혁을 시도했지만, 부원 세력의 방해로 실패했지. 부원 세력은 원나라를 등에 업고 왕마저 우습게 여길 정도로 힘이 컸어.

대제국을 건설했던 원나라도 1300년 중반이 되자 서서히 힘이 약해졌어. 그 시기 왕위에 오른 공민왕은 이를 기회라 여기고 자주의 길을

걷기 시작했지.

　공민왕은 다른 고려 태자들처럼 몽골에서 살다가 몽골 공주인 노국대장 공주와 결혼해 고려에 돌아왔어. 그때 공민왕은 변발을 하고 몽골 옷을 입고 있었지. 하지만 개혁을 시작하면서부터는 몽골 복장을 벗어버렸어. 더 이상 몽골의 그늘 아래 있지 않겠다는 의지를 표현한 거야.

　공민왕은 무신 정권 시대부터 인사권을 주무르던 정방을 없앴지. 왕의 힘을 강하게 만들기 위해서였어. 공민왕은 무엇보다 친원 세력부터 제거해야겠다고 생각했지. 친원 세력의 대표 인물이 바로 기철이었어. 덕성부원군 기철은 원나라 기황후의 오빠야. 고려 여인으로 원나라에 공녀로 끌려갔다가 황후의 자리에 오른 여동생의 힘을 업은 기철은 왕 앞에서도 안하무인이었어.

　또 원나라가 일본을 치기 위해 만들었던 정동행성을 폐지하고, 쌍성총관부를 공격했어. 철령 이북의 땅을 되찾기 위해서였지. 공민왕은 충선왕처럼 혼자 개혁을 추진하는 대신에 신돈이라는 승려를 앞에 내세웠어. 신돈은 전민변정도감을 세워 권문세족의 농장을 없애고, 토지를 원래 주인에게 돌려주었어. 억울하게 노비가 된 사람은 양민으로 되돌려 주었단다. 공민왕과 신돈의 개혁정치는 백성들에게 큰 지지를 얻었지.

　하지만 권문세족은 이를 갈았지. 이런 틈에 홍건적과 왜구가 설쳐 고려 사회는 위태로워졌어. 이 즈음 왕비가 죽어 공민왕이 깊은 슬픔에 빠지자 권문세족들은 공민왕과 신돈 사이를 이간질했지. 결국 신돈이 죽음을 당하고 얼마 안가 공민왕마저 의문의 죽음을

● **공민왕**이 실행한 **개혁조치들**

정방을 없앰

귀족의 농장을 없애고
노비가 된 농민들 풀어줌

기철 등 친원 세력 처단

신돈 중용, 개혁 추진

공민왕릉

당하였어.

공민왕의 개혁 조치는 원나라에 정면 도전하는 거였어. 공민왕의 개혁은 성공하지 못했지만 이때 성리학을 공부한 사대부들이 중앙으로 진출할 수 있는 계기가 되었어. 이들이 고려말에 크게 성장하여 나중에 조선을 이끌어가는 선비들의 선구가 되었단다.

권문세족이 설치다

공민왕의 개혁을 꺾어버린 것은 권문세족이었어. 권문세족이란 원나라와 관계 속에서 뿌리를 내린 가문을 말해. 이들 가문은 백 년 동안 계속된 몽골의 간섭 속에서 권력을 누렸지.

권문세족이 되려면 무엇보다 벼슬을 해야 해. 과거를 보든 음서를 통하든, 벼슬을 해야 권력을 누릴 수 있었어. 그런데 원 간섭 시기에는 고려왕에게 충성하기보다는 원나라의 눈치를 봐야 했어. 그래서 고려 후기 권문세족은 원나라에 빌붙은 세력이었어.

권문세족은 남의 땅을 불법으로 가로챘고, 농민을 데려다가 자기 농장의 일꾼으로 부렸어. 그들이 소유한 농장은 산천을 경계로 삼을 만큼 넓었지. 세금을 내는 일반 농민이 줄어들고 세금을 내지 않는 노비가 늘어가자 나라의 살림은 허약해지고, 권문세족의 힘은 갈수록 세졌지.

공민왕과 노국공주 초상

권문세족 중 하나인 염흥방은 탐욕스럽기로 소문났다고 해. 그 집 종들은 물푸레나무 몽둥이를 들고 다니면서 농민의 땅을 빼앗았어. 농민들은 그런 횡포를 '물푸레나무 공문'이라 비꼬아 불렀어. 이후 염흥방이 최영에게 잡혀 처형되자 사람들은 덩실덩실 춤을 추었다고 해.

고려사에서는 이때를 이렇게 적고 있어.

"······정권을 맘대로 주무르고 돈을 받고 벼슬을 팔았다. 다른 사람들의 토지를 빼앗은 것이 산과 들을 이루었고, 다른 사람들에게서 빼앗은 노비가 천백이나 되는 무리를 이루었다. 심지어는 왕의 능침과 궁궐의 창고, 고을과 역의 땅까지 그들이 차지했다. 그리하여 주인을 배반한 노비들과 부역을 피하려는 백성들이 그들 밑으로 모여들어 못과 늪을 이루었다. 사정이 이러한데도 관리들은 사태를 바로 잡지 않았다. 이로 말미암아 백성들은 흩어져 도둑 떼가 되었고 나라와 백성의 재물이 말라 사람들은 이를 갈았다."

새로운 사대부가 성장하다

권문세족이 나라의 요직을 차지하고 재산을 불리는 동안 새로운 세력이 자라났어. 바로 신진 사대부야. 송나라 학자 주자가 집대성한 성리학을 공부하고 벼슬에 나아간 선비들을 말하지.

'신진'이라는 말은 새로 등장했다는 뜻으로 이전 관리와 성격이 많이 다르기 때문에 붙었지. 이들은 문벌 출신이 아니라 대부분 지방에 뿌리를 둔 향리의 자제였어. 이들은 성리학을 공부했고 과거를 통해 관리가 되었지.

● **고려 전기의 문벌과 고려 후기의 권문세족은 어떻게 다를까?**

고려 전기의 문벌 귀족은 고관을 배출한 가문을 중심으로 만들어졌지. 왕비를 내거나 재상을 낸 가문들이 한정되면서 문벌이 굳어졌어. 대표적인 문벌은 이자겸의 경원 이씨와 김부식의 경주 김씨이야. 주로 경기 지방에 터전을 갖고 있었어. 하지만 무신 집권기에 들어서면서 점차 명망을 잃어갔지.

무신 집권기 무신들은 문벌이나 세족을 이루지 못했어. 그러다가 원 간섭기가 시작되면서 새로운 집안이 세력을 쌓기 시작했어. 경주 이씨나 한산 이씨, 성주 이씨나 순흥 안씨 등이야. 또 몽골어 역관이나 공주의 측근, 응방 관계자들이 실세로 떠올랐어. 대표적인 경우가 역관 출신의 평양 조씨야. 문벌 귀족과 달리 권문세족은 전라·경상·충청 등의 삼남 지방을 터전으로 삼고 있었어.

안향 영정
소수서원 소장

성리학은 본래 송나라에서 일어난 학문이지만, 원나라를 통해서 고려에 들어왔지. 우주의 원리를 설명하는 철학이자 실천적인 윤리였어.

충선왕은 왕위에서 쫓겨난 뒤 베이징에 머물며 학술 연구 기관인 만권당을 세웠는데 이곳에 안향, 이제현과 같은 촉망 받는 인재들이 드나들었어. 이제현은 여기서 성리학을 알게 되어 이색·이숭인·정몽주 등에게 전했지. 성리학은 고려에 들어와 지식인들에게 널리 퍼졌어.

권문세족이 권세를 함부로 부리는 통에 신진 사대부들은 관직에서 더 뻗어나가기가 힘들었어. 공민왕은 성리학을 익힌 이들을 등용하면서 세력을 형성하기 시작했지. 권문세족이 음서로 톡톡히 혜택을 누리는 것과 달리, 신진 사대부는 모두 과거로 벼슬길에 올랐어. 이들은 벼슬살이를 하면서도 과전이나 녹봉을 제대로 받지 못해 불만이 쌓여 있었어.

신진 사대부는 권문세족과 대비를 이루는 새로운 세력이야. 신진 사대부는 권문세족과 입장이 달랐어. 권문세족이 원나라의 힘을 등에 업은 것에

● 권문세족과 신진 사대부

권문세족-농장을 늘리고 음서로 자식들이 벼슬에 오름.

신진 사대부-녹봉을 제대로 못 받아 힘들기도 했음. 과거를 거쳐 등용됨.

비해 신진 사대부는 명나라를 숭상했지. 원나라의 힘이 서서히 약해지면서, 당시 권력을 쥐고 있던 이인임의 권세도 약해졌어. 청렴하고 강직한 최영과 새로 떠오르는 무장 이성계가 힘을 합쳐 이인임과 염흥방을 쓰러뜨렸어.

홍건적과 왜구 덕분에 군사 영웅이 된 이성계

고려 말, 홍건적과 왜구는 백성들을 힘들게 만들었어. 붉은 두건을 머리에 맨 홍건적은 원래 원나라에서 반란을 일으킨 농민군이었어. 그런데 점점 그 성격이 변해 도적 떼가 되었어. 홍건적은 원나라를 피해 고려 땅에 쳐들어와 서경을 점령하기까지 했단다. 이들은 안우·김득배·이방실 등이 이끄는 고려군에게 쫓겨 물러났는데, 이때 이성계가 2천 명의 군사를 이끌고 공을 세웠단다.

홍건적의 침입만으로도 정신이 없었던 때 한반도 아래쪽에서는 왜구들이 노략질을 일삼고 있었어. 이들은 쓰시마를 근거지로 한 일본 해적들인데 한창일 때는 수만 명이 몰려왔시. 곡식을 싣고 가는 배를 약탈하기도 하고, 어린 아이들을 납치해 가기도 했지.

고려는 최영과 이성계를 보내 왜구를 물리치게 했어. 그 뒤 이성계는 지리산 밑에서 악명 높은 소년 장수 아지발도를 무너뜨렸어. 그게 황산 대첩이야. 왜구를 무찌르는 데는 최무선도 큰 몫을 했지. 최무선은 화포를 만들어서 진포 전투에서 왜구 배를 500척이나 불태웠거든. 왜구는 14년간 378번이나 침략해 왔어. 고려가 망한 이후에도 극성을 부리다가 조선 태종 때 가서야 그 기세가 꺾였지.

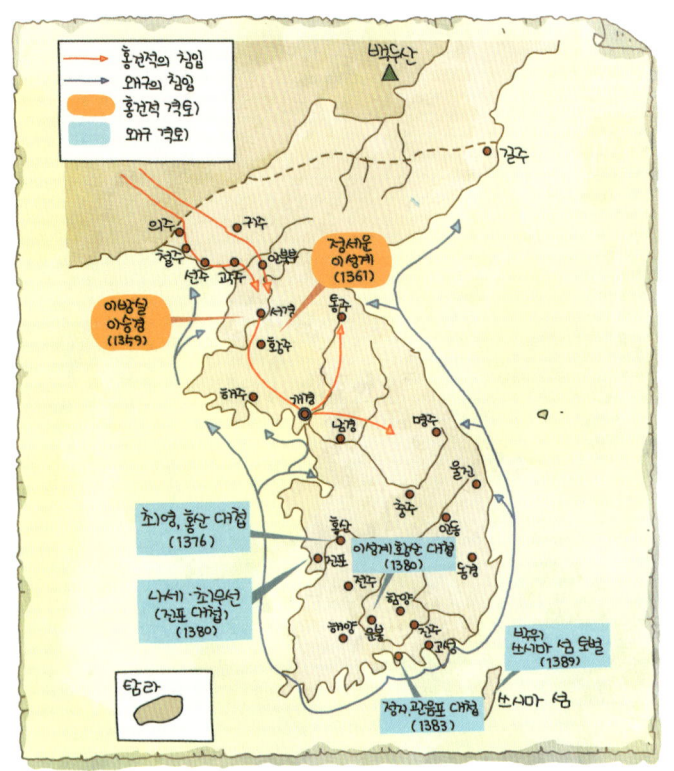

홍건적과 왜구 격퇴 지도

고려가 멸망하다

최영과 이성계는 이인임을 어떻게 할지에 대해 의견이 달랐어. 이성계와 신진 사대부는 이인임을 죽이려고 했지만 최영은 그를 귀양 보내는 것에 그쳤어. 뿐만 아니라, 최영과 이성계는 외교 정책에 대해서도 서로 의견이 달랐지.

우왕 14년, 명나라가 철령 이북의 땅을 내놓으라 하였어. 철령 이북의 땅은 쌍성 총관부가 있던 자리로 원나라의 지배 아래 있다가 공민왕 때 겨우 되찾은 땅이었지.

최영은 명나라가 부당한 요구를 한 데 대해 군사를 동원하여 요동을 쳐야 한다고 했어. 그러나 이성계는 현실적인 어려움을 들며 반대했어. 군량미나 군사력으로 보아 명나라에 맞설 힘이 없고, 그 틈을 왜구가 노릴까 두렵다는 거였어. 그러나 최영은 뜻을 굽히지 않았지. 총사령관 최영이 앞장선 가운데 군사가 출동했어. 최영의 군사가 평양에 머무는 동안 좌군은 조민수가, 우군은 이성계가 이끌고 압록강을 넘었지. 이성계는 압록강 가운데 있는 위화도까지 올라갔다가 군사를 되돌렸어. 이것을 위화도 회군이라 불러. 왕명을 어기는 쿠데타였지.

개경으로 들이친 이성계는 최영을 체포하고 귀양을 보냈다가 목을 베었지. 아울러 우왕을 협박하여 강화도에 가두었어. 우왕이 왕위에서 쫓겨나고 창왕이 섰다가 다시 이성계가 세운 꼭두각시인 공양왕에게 자리를 물려주게 되지. 이성계는 정도전・조준과 함께 새 왕조를 준비했어.

우왕 14년 2월이었어요. 고려 조정에는 신하들이 모여 있었어요.

중국 명나라 사신이 와서 철령 이북 땅을 내놓으라 하였기 때문이에요. 철령 이북 땅은 원나라에게 빼앗겼다가 공민왕 때 겨우 되찾은 땅이었어요.

문하시중 최영이 말했어요.

"전하, 철령 이북이 명나라 땅이라 하면, 요동은 옛 고구려의 영토이옵니다. 요동을 쳐서 명나라에 본때를 보여야 하옵니다."

"요동을 치다니? 명나라와 전쟁하겠다는 말이오?"

이성계와 정도전은 깜짝 놀랐어요.

"못할 것도 없소. 우리 고려는 홍건적과 왜구를 물리쳤고, 몽골 등쌀에도 살아남았소. 오히려 명나라가 우리를 두려워해야 옳소."

정도전은 물론이고 이색도 반대했어요. 홍건적이다 왜구다 해서 가뜩이나 시달려 왔는데 또 요동을 친다면 백성들이 힘들어질 게 뻔했어요.

이성계는 가슴이 답답했어요. 최영은 강직하고 굽힐 줄 모르는 사람이라서 그의 뜻을 꺾기란 쉽지 않았어요. 이성계가 우왕에게 말했어요.

"전하, 지금은 요동을 칠 때가 아니며, 명나라와 화친할 때입니다."

하지만 우왕과 최영의 마음을 돌릴 수 없었어요. 우왕은 최영을 총사령관으로 삼고, 이성계를 우군 도통사, 조민수를 좌군 도통사로 삼아 요동을 정벌하도록 명했어요. 이성계는 마지 못해 따라 나섰어요. 그러다 압록강을 건너기 전에 두 통의 편지를 썼어요. 각각 개경에 있는 우왕과 뒤따라오는 최영에게 보내는 것이었지요.

위화도의 위치와 회군로

편지의 요지는 '요동 정벌은 할 수 없다.'는 거였어요.

"첫째, 작은 나라가 큰 나라를 이길 수 없다.

둘째, 농사를 짓는 여름철에 군사를 일으켜서는 안된다.

셋째, 요동을 치면 그 틈을 왜구가 노릴 것이다.

넷째, 지금은 장마철이라 화살도 탄력이 없고, 군사들은 전염병에 걸리기 쉽다."

이성계의 편지를 받고 최영은 손이 부들부들 떨렸어요. 명령을 거역하겠다는 뜻이었으니까요.

"왕명을 어기고 역적이 되기로 했다는 건데, 내가 호랑이를 키웠군."

이성계는 압록강 가운데에 있는 위화도에서 기어코 군대를 돌이켜 개경으로 내려왔어요. 개경을 장악하려는 군사 행동, 즉 반란이었지요. 도중에 있던 최영은 휘하 군대로 이성계를 저지하려 하였으나 오히려 이성계에게 잡히고 말았어요.

최영은 장군의 지위를 잃고 유배를 당했어요. 돌봐줄 군대가 없는 우왕 역시 강화도로 쫓겨났지요. 실권을 쥔 이성계는 숙적 최영을 죽이고 꼭두각시로 창왕과 공양왕을 차례로 내세웠지요. 그러다 결국 자기가 왕이 되어, 새 왕조를 열었어요.

이성계가 바친 사리갖춤
ⓒ국립중앙박물관

새로운 나라를 위해

이성계는 정도전, 조준 등 신진 사대부들과 함께 개혁

을 실시했어. 1391년 '과전법'을 단행했지. 과전법은 개인이 가질 수 있는 땅의 크기를 제한하는 토지 개혁이야. 이로써 큰 농장을 가진 권문세족은 기울었고, 나라의 땅은 크게 늘었어.

이성계는 처음에는 '고려'라는 이름을 그대로 둔 채 나라를 이끌어 가려 했어. 하지만 고려에 끝까지 충성을 다한 이들이 있었어. 포은 정몽주, 목은 이색, 야은 길재가 대표적이야. 이들을 가리켜 고려 말 삼은이라고도 하지. 1392년 이성계는 나라 이름을 조선이라 바꾸고 새 나라의 왕이 되었어. 이로써 오백 년을 이어온 고려는 역사 속으로 사라지게 되었지.

● 고려는 왜 멸망했을까?

고구려 · 백제 · 발해는 외침을 받아 내분에 빠지면서 멸망했어. 당나라와 거란은 이들 나라가 망하는데 한 몫 하였지. 신라는 후삼국의 소용돌이 속에서 더 이상 정권을 유지할 수 없기에 경순왕이 자진해 나라를 고려에 바쳤어. 고려는 왜 망했을까?

고려의 경우 권력자들의 농장이 커지면서 농민들은 거덜 나고 나라 살림은 바닥났지. 또 무신정권과 몽골 간섭기를 거치면서 통치 체계가 흔들렸어. 권문세족과 친원세력이 저지르는 횡포와 홍건적과 왜구의 침입으로 위기가 더 커졌어. 그러나 고려가 망한 이유는 그 때문이 아니야. 농민 살림이 바닥 나고 나라 재정이 궁핍해졌어도, 몽골이 쳐들어와 강화에서 30여 년간 피난 생활을 하면서도 고려는 망하지 않았어. 그러나 고려는 무장 세력 이성계와 신진 사대부 정도전 일파의 쿠데타에 의해 막을 내렸어.

이성계 일파는 고려를 지키려는 이들을 무력으로 제압했어. 그들은 쿠데타에 성공하기는 했지만 정권을 가로챈 사실이 꺼림칙했기 때문에 역성혁명이 억지가 아니라 하늘의 뜻이라고 말했지. 《용비어천가》는 이런 목적을 위해 만들어진 노래야.

돋보기

개똥밭과 거머리 논_이성계의 사전 개혁

'개똥밭 사흘갈이와 거머리논 닷 마지기'라는 속담을 들어 보았니?

옛날에는 밭의 넓이를 표현할 때 하루갈이나 사흘갈이와 같은 말을 썼어. 여기서 갈이는 소가 하루에 갈 수 있는 땅을 말하는데, 사흘갈이는 사흘에 갈 수 있는 넓이야. 하루갈이는 지방에 따라 다르지만 넉넉잡아 2천 평이라고도 해. 갈이는 들어가는 소와 인간의 노동력을 기준으로 땅의 넓이를 계산하는 단위이지.

그럼 마지기는 뭘까? 마지기는 볍씨 한 말을 뿌릴 만한 넓이로, 지방에 따라 들쭉날쭉하지만 대략 200평을 뜻해. 왜 옛 사람들은 거두는 수확량이 아니라 뿌리는 씨의 양으로 넓이의 단위를 삼은 것일까? 이것은 처음에 들인 노력을 중요시한 옛 사람들의 생각을 드러내 주고 있어. 얼마나 나올지 알 수 없는 나중의 소득보다 애초에 들인 몫을 기억하려는 이의 입장을 헤아린 단위야.

그럼 개똥밭은 뭐고 거머리 논은 뭐지? 개똥밭은 집 앞의 텃밭이야. 집에서 키우는 개가 눈 똥을 헛간에서 재로 버무려 수시로 내다 버리는 밭이지. 거름을 잘 주어 늘 돌보는 밭이니 얼마나 기름지겠어? 다른 말로 문전옥답이라고도 했어. 또, 거머리 논이란 비가 오지 않아도 항상 물이 있어서 거머리가 많은 논이야. 곁에 물길을 끼고 있다는 뜻에서 고래실이라고도 했어.

이 속담에는 어떤 논밭을 으뜸으로 치는지에 대한 농민의 생각이 들어 있어. 댐과 저수지가 없어 하늘만 바라보며 농사를 짓던 옛날에는 서로 제 논에 물을 대려고 싸우기 일쑤였지. 그래서 산등성이에 있는 다랑논보다는 도랑을 낀 골짜기 논이 훨씬 비쌌고, 밭의 경우는 자기 집에서 가까운 것을 더욱 아꼈어.

이성계는 이런 농민의 마음을 알고 있었어. 그래서 실권을 잡은 뒤 과전법을 제정하면서 경작하는 농민의 땅을 함부로 빼앗지 못하도록 하고 이를 어길 때 처벌하는 조항을 두었지. 어긴 자는 태형으로 다스리겠다고 엄포를 놓았어. 권세가들이 남의 땅을 억지로 빼앗아 농장을 만드는 형편이었는데, 이런 선언으로 이성계는 민심을 얻는 데 성공할 수 있었던 거야.

다랑논
ⓒ이용한

과거에서 온 편지

기울어가는 고려

여기는 위화도야. 이성계 장군이 요동을 치지 않고 되돌아가려 해. 위화도에서 군사를 돌린 것은 왕명을 어기고 반란을 하는 것이나 마찬가지였지.

홍건적과 왜구가 쳐들어오고 백성들의 살림은 날이 갈수록 어려워졌어. 고려가 흔들리자 고려를 개혁하자는 사람들도 있었지만, 아예 새로운 나라를 세우려는 사람들도 생겼어.

이성계는 새로운 나라를 세우고자 했어. 고려는 이렇게 역사 속으로 사라지고 조선이라는 새 나라가 세워졌어.

사진 자료 사용에 협조해 주신 곳

국립경주박물관 [경박2010-10] 안압지 출토 주사위 12
국립대구박물관 용수전각문경 48
국립민속박물관 족두리 138
국립중앙박물관 [중박201001-1] 잔과 잔받침 50, 황비창천 58, 꾸미개 51, 머리꽂이 53
 거란거울 78, 복자 활자 162, 화엄경 73, 이성계 사리갖춤 291
 천산대렵도 157, 청자투각칠보무늬향로 167, 청자국화넝쿨무늬완 166
 염경애 묘지명 161, 무구정광대다라니경 163
고려대학교 박물관 척경입비도 81
서울대학교 규장각 고려사 36
삼성미술관 리움 아집도 대련 46, 수월관음도 158

사진을 제공해 주신 곳
북앤포토, 시몽포토에이전시, 연합뉴스, 엔사이버, 이용한

이 책에 사용한 사진은 박물관과 저작권자의 허가를 받아 사용하였습니다.
유물 이름 옆의 숫자는 사진이 게재된 해당 쪽수입니다.

(주) 미래엔컬처그룹은 이 책에 실은 모든 도판 자료의 출처와 저작권자를 찾아 허락을 받기 위해 최선을 다했습니다.
누락이나 착오가 있으면 다음 쇄를 찍을 때 꼭 수정하겠습니다.